MHL

メンタルヘルス・ライブラリー 39

相模原事件はなぜ起きたのか
保安処分としての措置入院

●井原 裕 ……………………………………………… 著

批評社

＊装幀——臼井新太郎

はじめに

「**相模原事件**のような惨劇は、二度と起きてほしくない」
私は、そう願って本書を記しました。

本書の結論は、シンプルです。2016年7月に相模原市の障害者施設で起きた悲劇を再び起こさないためには、**新しい制度**を作るべきだということです。その制度には、少なくとも**3つの条件**が必要です。
①地域社会の安全を確保するための警察
②対象者の人権を擁護するための裁判所
③対象者の心の健康に奉仕する精神科医

以上、三者が共同することです。いかにして、①社会の安全を確保し、②対象者の人権を擁護し、③対象者の心の健康を実現するかという、少なくとも3つの課題が、ここにはあります。①のためには警察、②のためには裁判所、③のためには精神科医。以上3つのどれ一つを欠いても、目的は達成されません。三者が有機的に連携した制度を設計することこそ必要であり、いわば、**医療・司法・保安システム**(Medico-legal-secure sysytem)が求められているといえます。

相模原事件以降、**厚生労働省**が**検証チーム**を結成し、すでに提案を行っています（山本輝之座長の名を冠して、ここはこれを「山本レポート」と呼ぶことにしましょう）0-1)。残念なことに、これはあくまで既存の**措置入院制度**を温存して、その限りで①安全と②人権と③健康を実現しようとするものでした。そして、警察抜き、裁判所抜きで、この3つの課題のすべてを精神科医療に担わせようとするものです。

この方法だと、①社会の安全は守れません。当然です。**精神科医は警察官ではありません**から、拳銃も、警棒も、手錠も持っていません。こんな非力な存在に治安維持の役割を担わせようとしても無理です。**大阪教育大学池田小学校事件**では8人亡くなり、相模原事件では19人亡くなっています。そのつど、警察の介入を可能ならしめる制度が求められていたのに、先送りされています。いったい次に何人亡くなれば、新しい制度ができるのでしょうか。しかし、次の犠牲者を待つような不謹慎なことを想像する前に、直ちに新しい制度を考えるべきでしょう。今のままでは、池田の8人、相模原の19人、これらの失われた魂は、安らかにお眠りいただけないことでしょう。

　しかし、①を上回る重大な問題は、②の人権の点にあります。措置入院制度は、**「他害のおそれ」**の際に**予防的な拘禁**を行う制度ですが、裁判所はノータッチです。したがって、この制度は見方を変えれば、**「逮捕状なき逮捕、裁判なき拘禁」**[0-2]です。日本には、すでに予防拘禁のための制度として、**警察官職務執行法**と**心神喪失者等医療観察法**という二つの法律がありますが、こちらは人権擁護のためのセーフガードが担保されています。どちらも**裁判所**が「法の番人」として関与するようにできています。しかし、現行の措置入院の場合は、裁判所が関与しませんから、**「危険な患者を退院させるな」**との民意の大合唱が起きれば、もう誰もその流れを止められません。さらに悪いことに、山本レポートは、**「支援計画」「調整会議」**などの簡単には退院させない仕組みを作ってしまいました。最終的な退院決定権は、精神科医にはありません。**地方自治体の首長**にありますので、行政が世論の後押しを受ければ、事実上**無期限の拘禁が可能**です。「支援計画に不備がある」とか「調整会議が不十分だ」とか適当な理由をつければいいのです。つまり、措置入院とは、国家がその気になれば**いくらでも濫用が可能な制度**なのです。

　厚生労働省の山本班のメンバーたちは、生真面目に③の課題に取り組みました。「退院後に必要な医療等の支援を検討し、症状消退届で都道府県知

事等に確実に伝達」などとし、さらに退院後のフォローアップについても、「**支援計画**」「**調整会議**」「**生活環境相談員**」など、詳細なアクション・プランを立案しています。何と素晴らしいことでしょうか。何と真面目な委員たちであることでしょうか。

　しかし、この有識者委員たちは、真面目すぎて全体像が見えていません。措置入院制度だけで、退院後のケアから、治安維持まで、何から何までをやろうとしています。委員たちは、少なくとも二つの重大な誤謬を犯しています。

　第一に、「**医療で治安が守れる**」という、常識的に考えてありえない迷妄に取りつかれているという点です。「支援」だの「伝達」だの「調整」だの、大いに結構です。このようなすばらしい提案をなさった、委員の皆様に拍手喝采を送りたいと思います。しかし、**事件の再発防止には何の役にも立ちません。**あたりまえです。だって、そこに**警察が関わっていない**からです。医者は警察官ではない。病院は留置場ではない。それなのに、どうして医療で治安が守れるのでしょうか。ありえないでしょう。結局のところ、「**健康政策で刑事政策の変わりができる**」などといった、委員を除けば一億の国民の誰一人として同意しない、奇妙奇天烈摩訶不思議な観念に取りつかれている点において、山本レポートの提案はまったくの砂上楼閣にすぎません。

　第二の誤謬は、「**俺たちは患者さんのためを思って、頑張っているんだ**」という使命感さえあれば、いかなる予防拘禁も許されると思い込んでいる点です。措置入院の背後には、「**パレンス・パトリエ**」とか「**国親思想**」と呼ばれる考え方があって、委員たちはこの美しい理念を全身で表現しています。要は国家が優しいお父さんの顔をして、「お父さんはおまえのためを思って言っているんだ。悪いことは言わない。入院しなさい」というものです。

　事件の検証チームは、「安易な退院を許すな」との民意に応えるべく、「調整会議」だの、「支援計画」だのの、**退院までのとてつもなく高いハードル**を設定しました。患者さんが退院したいと思っても、このハードルは、簡単にはクリアできません。したがって、この提案が制度化されたあかつき

には、「お父さんはおまえのためを思って言っているんだ。悪いことは言わない。もう少し待ちなさい」となることでしょう。そして、患者さんにしてみれば、あれやこれやの難しい条件を提示されて、結局、いつまでたっても病院から出してもらえません。

　「お父さんは、**お前のためを思って言っているんだ**」、この甘くて、キモいフレーズを口にしさえすれば、何人をもいつまでも拘禁できる、こんな欺瞞と偽善とうそ八百に満ちあふれたイカサマだらけの制度はありません。結局のところ、**「パレンス・パトリエ」の美名の下に、どんな理不尽な予防拘禁も正当化されてしまう**ところに、措置入院制度の人道上重大な問題が隠されています。しかも、患者を閉じ込めている張本人たちは、**「あなたのためを思えばこそ」**という愛と慈悲に満ち溢れています。しかし、愛は人を救わない。**「愛にあふれたキモいおじさん」**ぐらいはた迷惑なものはありません。

　結局のところ、現行措置入院制度を温存したままでは、**2つのリスク**が生じます。

　第一に、市民にとっての**社会保安上のリスク**です。病院は留置場ではなく、看護師は看守ではありません。したがって、本来危険人物を閉じ込めておくにはひ弱すぎます。そのうえ、退院と同時に社会保安上のリスクが発生します。**措置入院解除後に警察に差し戻す手段**がありません。したがって、退院直後から地域社会は重大な保安上のリスクを背負うことになるでしょう。

　第二に、対象者の**人権上のリスク**です。警察官なら24時間しかできない**予防拘禁が、措置入院においては事実上無制限に可能**です。裁判所もチェックしません。しかも、措置解除の判断は、精神保健指定医の決定ではなく、行政の決定です。精神科医には「措置症状消退届」を出すことはできますが、お役所の胸三寸で「不受理」とすることができます。**首長がひとこと、「調整会議が不十分だ」とか、「支援計画に不備がある」とか、適当に言えばいいだけ**です。制度上、無期限の拘禁が可能です。ここに措置入

院の「**逮捕状なき逮捕、裁判なき無期限拘禁**」の重大なリスクがあります。使い方次第で戦前の治安維持法体制の再現も可能なのです。

 それにしても、「相模原の悲劇を繰り返さないためには、治安のための警察、人権のための裁判所、治療のための医療の3つが必要だ」などとは、あまりにも平凡な意見です。専門家でなくても、**公民を習ったばかりの中学生でも理解できる**ような、陳腐な意見であるといえます。

 本書は、たかだかこの程度の簡単な結論を言うために書いたにすぎません。ただ、事件の背後にある**精神医療と刑事政策との関連**については、多少込み入った問題もあるので、読者の皆さんにとって退屈な印象も与えかねません。

 読者の皆様におかれましては、議論の途中にわかりにくい箇所があっても、「**要は、①安全と②人権と③健康のために、(1)警察と(2)裁判所と(3)精神科医の三つ必要なんだろう**」という感じで、読み流していただけますと幸いです。

 なお、今後、予想される裁判に影響を及ぼさないように、対象者の責任能力に関するコメントは控えております。

 本書をまとめるにあたり、以下の先生方・諸学兄との討論にて多くの示唆をいただきました。そのほかに数えきれない方々との討論が行われております。すべてのお名前をここに挙げることができず申し訳ありません。いうまでもなく、本書のすべての責任は著者である井原裕にあります。しかし、もし本書に多少とも意義のある内容が含まれているとすれば、それらはすべて諸先生方のご賢察がもたらしたものであり、ここに御礼申し上げます。

 安部哲夫、藤井千代、古川俊治、原　昌平、平田豊明、石原孝二、岩波明、神馬幸一、加藤久雄、工藤耕太郎、黒岩祐治、前村　聡、松本俊彦、中島　直、信原幸弘、太田順一郎、岡崎伸郎、大野兼二、大竹直樹、榊原英輔、関　正樹、瀬戸秀文、椎名明大、反町　理、田所重紀、高木俊介、館林牧子、八木　深、吉岡眞吾（以上、敬称を省略させていただきました）。

相模原事件はなぜ起きたのか
保安処分としての措置入院

MHL 39

目次

index

はじめに ……3

第一章
相模原事件と精神医学 ……14

●相模原事件の概要……14 ／●メディアは措置入院ばかり取り上げた……14 ／●措置入院後4カ月で事件発生……15 ／●被疑者の手紙を読む……16 ／●手紙は統合失調症の人のものではない……17 ／●統合失調症の支離滅裂とは……18 ／●「作戦内容」と称する犯罪予告……20 ／●警察における情報伝達……20 ／●警察の初動……22 ／●警察官通報、措置入院……23 ／●警察官職務執行法（警職法）＝実行行為なき身柄拘束……24 ／●警察官職務執行法と予防拘禁……26 ／●デートもできない警職法……27 ／●警職法は裁判所の監視下にある……29 ／●措置入院とは「裁判なき無期拘禁」……31 ／●精神科救急と緊急措置入院の常態化……32

第二章
被疑者は精神障害なのか？ ……34

●「470人抹殺！」は精神障害なのか？……34 ／●措置診察における無言のプレッシャー……35 ／●警察官に取り囲まれて措置診察……36 ／●次の2つのうちから1つ選べ：「要措置」「措置不要」……37 ／●それでも「措置不要」と判断したら……39 ／●胆力のある精神科医ならどうするか……40 ／●悪態は妄想ではない……42 ／●思い込みは妄想か？……44 ／●小田晋の「支配観念」論……45 ／●支配観念と犯罪……47 ／●妄想と犯罪……48 ／●妄想と精神医学の限界……50 ／●大麻使用には通報義務はないのか？……51 ／●診断が5つもある？……53

第三章
予防拘禁としての措置入院
──────────────────────────────── 56

●知事の決定としての措置入院……56 ／●リベラル知事と保守派キャスター……57 ／●知事には責任もあるが、権限も大きい……59 ／●精神保健指定医は知事に逆らえない……60 ／●措置入院は有事に濫用される……62 ／●措置入院はとりわけ都市部で濫用される……63 ／●予防拘禁としての措置入院……64 ／●逮捕状なき逮捕……66 ／●精神神経学会の混乱……67 ／●ヘイト思想と措置入院……69 ／●政治思想と措置入院……71 ／●治安維持法並みの措置入院……73

第四章
世界の精神医学濫用
──────────────────────────────── 75

●精神医学と国際人権擁護NGO……75 ／●ソビエト精神医学と思想統制……76 ／●ソビエトにおける科学の弾圧……78 ／●ソビエトとドイツ……79 ／●スラギッシュ統合失調症……81 ／●ソビエト精神科医とKGB……83 ／●悪意なき犯罪……85 ／●ソビエトとサガミハラ……86 ／●ルーマニアにおける事例……88 ／●ロビン・マンローによる中国情報……89 ／●法輪功ブームと臓器狩り……91 ／●臓器売買と移植医療……92 ／●安康医院隷属于公安机关……93 ／●ソビエト精神医学の中国への影響……94 ／●具体的な濫用のケース……96 ／●新型弾圧としての精神医学濫用……97 ／●精神医学の濫用をどう食い止めるか……99 ／●中国の精神衛生法2012……100 ／●中国精神衛生法の評価……101 ／●中国では、三権分立が確立していない……103

第五章
反体制運動の延長としての保安処分反対闘争
──────────────────────────────── 104

●措置入院とは「ブレーキのない車」……104 ／●治安の維持は国家の最低限の仕事……106 ／●国民は障害者の殺人事件を歓迎しない……107 ／●萩原朔太郎の「医者

の正義」……108 ／●善良な障害者≠危険な障害者……110 ／●辛坊治郎の障害者差別批判……111 ／●保安処分反対イデオロギーと措置入院……112 ／●保安処分に反対したから、措置入院が保安処分化した……113 ／●保安処分反対論による措置入院批判……115 ／●保安処分反対論者が脱法保安処分を行っている……116 ／●保安処分反対イデオロギーの自家撞着……117 ／●保安処分反対集会へも時々出かけた……118 ／●学生運動と保安処分反対……119 ／●市民なくして市民運動なし……120 ／●太宰治の描く反体制運動……122 ／●保安処分反対運動の悲劇……123 ／●ペンローズの法則……125 ／●市民の価値観より同志の結束を優先……126 ／●誰も「保安処分」を理解していない……127 ／●イデオロギーの末路……128 ／●「障害者階級」という階級は存在しない……130 ／●保安処分反対主義者は精神障害者を刑務所送りにしたい……131 ／●保安処分反対主義者は刑法39条にも反対?……132 ／●呉智英の「珍左翼」と保安処分反対イデオロギー……134 ／●保安処分反対主義者のオウンゴール……134 ／●批判の矛先は何よりも保安処分反対主義者たち自身へ……136 ／●精神障害者は行政から独立しては生きていけない……136 ／●すべてがむなしい夢だったとはいえない……137

第六章
相模原事件、そして、事後の検証

●措置入院退院後……139 ／●直ちにその者を退院させなければならない……141 ／●精神障害によらない自傷他害のおそれ……142 ／●警察への協力と守秘義務……143 ／●最大のポイントは片道切符問題……145 ／●措置入院後の継続支援：目的は治療か、治安か?……146 ／●地域社会のなかでモニターする……147 ／●山東議員のGPSをめぐる発言……148 ／●措置入院はGPSよりはるかに悪質……150 ／●メディアのアナウンス効果……151 ／●都市伝説に確証を与えた山本レポート……152 ／●学会・学界の対応……153 ／●日本精神科病院協会のコメント……154 ／●措置入院はカフカの世界……155 ／●措置入院の濫用を防ぐ……157 ／●措置入院に日数制限を!……158 ／●英国(イングランド)の制度と比べて……159

第七章
この国に生まれたるの不幸 ──162

●精神保健法制の忘れ物……162 ／●無用の厳罰より必要な治療をこそ……164 ／●比較法学・開発法学の必要性……165 ／●大衆民主主義と刑事政策……166 ／●森村誠一『悪魔の飽食』のインパクト……167 ／●医学は有事にあっては濫用される……168 ／●とりたくなかった精神保健指定医……169 ／●強制治療は最小限にすべき……171 ／●刑事政策は精神科医をして医療に専念させる……172 ／●精神医学界の混乱と学生運動の終焉……173 ／●左翼系メディアの偏向報道……175 ／●左翼系メディアの勉強不足……176 ／●放送禁止用語のようになった保安処分……177 ／●来るべき法制度……177 ／●公共の福祉と人権の保障……178 ／●精神科医に「癒し系」の話だけを求めてもらっても困る……180 ／●草食系だからこそ、肉食を強いられるのは耐え難い……181 ／●保安処分反対イデオロギーの終焉……182 ／●障害者とともに生きる社会のために……183

おわりに ──186

文献 ──188

第一章
相模原事件と精神医学

●相模原事件の概要

　まずは、相模原事件の概要のおさらいをしてみましょう。事件が起きたのは、平成28年7月26日の未明です。相模原市にある**障害者福祉施設**、神奈川県立津久井**やまゆり園**に刃物を持った男が侵入。施設入所者を次々に襲い、19人を殺害し、26人に重軽傷を負わせたというものです。

　それにしても、19人というのはすごい数です。単独犯としては、平成13年の**池田小学校事件**が8人、平成20年の**秋葉原通り魔事件**が7人。数からいえば、池田と秋葉原を足してもまだ足りない。したがって、この事件は戦後最悪の惨事といえるでしょう。

　もっとも、戦前は、**津山三十人殺し事件**などというものがありました[1-1]。昭和13年のことです。もちろん、人数ばかりを競っても仕方ありませんが、戦後に関しては相模原事件が最大の痛ましい事件であったことは確かです。

●メディアは措置入院ばかり取り上げた

　さて、被疑者は事件の4カ月前に相模原市内の病院に**措置入院**していました。事件の捜査が進むにつれ、メディアはこの**措置入院のあり方ばかり**

に人々の関心を集めてしまいました。このあたりの経緯は、私ども精神科医にはまことに不本意です。

　今さら、「もし」とか「たら」といってもしかたないのですが、**もし、あのとき緊急措置入院を担当していた医師が、「措置不要」という判断を下していたら、当然ながら措置入院にはなっていなかった**はずです。しかし、措置入院になってしまった。そして、退院した。事件が起きた。振り返ってみたら、「何だ。やっぱり措置入院か。池田小学校事件の時と同じじゃないか」と、こうメディアは来たわけです。

　しかも、実のところ、**警察は措置入院前はもちろんのこと、退院後もずっと被疑者を追っていました**。事件を起こす可能性があると予想して、ずっと警戒しながら監視を続けていた。つまり、ずっと見ていて、見ていて、見ていて、それなのにやられてしまったのです。だから、警察の方に失態があったはずです。

　でも、メディアは警察ではなく、措置入院のことばかりを話題にしました。なぜ、警察でなくて措置入院なのか。**警察のことを記事にしないで、措置入院ばかりを記事にしたのはメディアです**。

　でもまあ、いきなり報道への不満ばかりをここで述べても愚痴っぽくなるだけです。警察との関係については、後で詳しく述べて、先に進みましょう。

●措置入院後4カ月で事件発生

　ここでは、まずは、事件発生までの概要を振り返ってみましょう。

　措置入院というのは、**自分を傷つけたり、他人を害したりするリスクのある人を強制入院させる制度**です。いわゆる「**自傷他害**」というものです。措置入院にいたるルートはいろいろありますけれど、相模原事件の場合、**警察官が通報**して自治体の**行政処分**として措置入院が行われました。

第一章　相模原事件と精神医学　15

この場合、最終的な**権限は自治体の長**にあります。すなわち、県知事です。ただ、相模原市の場合、政令指定都市ですから相模原市長ということになります。

　被疑者の場合、措置入院に先立って衆議院議長に**障害者を殺すことを予告した手紙**を送りました。その情報を地元警察が入手して相模原市に通報。その結果、相模原市の処分として**2月22日に措置入院**となりました。そして、**3月2日**、担当医の**自傷他害のリスクがないとの判断のもとで、退院**となりました。事件は、そのわずか4ヵ月後に起こりました。

　ここで、「4ヵ月後」というのも一つのポイントです。「わずか4ヵ月後に事件を起こした。精神科医は何をやっているんだ」という非難の声も聞こえます。でも、「わずか4ヵ月」ではなくて、「**4ヵ月も**」という言い方だって可能です。4ヵ月もの長きにわたって事件を起こさなかったわけですから、入院治療は成功したし、退院の判断は正しかったともいえます。そもそも、**4ヵ月も先の危険なんて、誰も予見できない**からです。

　この点は議論の余地があるのですが、まずは措置入院とは何か、誰がどう入院を判断するのか、誰がどう退院を判断するのか、制度上どういう問題があるのか、**厚生労働省**がチームを作って検証しましたが、その結論はどう理解すればいいのか、そのあたりのことを議論していきましょう。

●被疑者の手紙を読む

　被疑者の手紙が事件の発端です。まずは、被疑者の手紙を見てみましょう。手紙の全体は、インターネット等でも読めますので、ぜひ参照してみてください。

　被疑者は**2月14日に衆議院議長公邸を訪れ、大島理森議長宛の手紙**を持っていっています。2月14日といえば、バレンタインデーです。とんだ贈り物です。大島議長も驚いたはずです。

手紙には、その後の犯行をほのめかす多くのメッセージが込められていました。ちょっと手紙から引用してみましょう。「**私は障害者総勢470名を抹殺することができます**」「保護者の疲れきった表情、施設で働いている職員の生気の欠けた瞳、日本国と世界の為と思い居ても立っても居られずに本日行動に移した次第であります」「障害者は人間としてではなく、動物として生活を過しております」「私の目標は重複障害者の方が家庭内での生活、及び社会的活動が極めて困難な場合、保護者の同意を得て安楽死できる世界です」、とまあ、こんな調子です。

　文字はかなり丁寧に書いてあります。達筆ではなく、稚拙な文字ですが、一画一画、楷書で丁寧に書いてあります。私は医者の悪筆に慣れているので、彼の文字は実に美しく映ります。こんなきれいな文字は、カルテではめったに見ることはありません。文章がところどころ意味が飛んでいて、いかにも上手ではない人の文章ですが、それでも一枚目の「衆議院議長大島理森様」というものは、まずまずまとまっています。

●手紙は統合失調症の人のものではない

　一方、2枚目はとんでもないシロモノです。かなりめちゃくちゃな内容です。でもこれだって、文章を書きなれていないからこうなるにすぎません。この文章をもって、何らかの重度精神障害が考えられるということはありません。

　「私は大量殺人をしたいという狂気に満ちた発想で今回の作戦を、提案を上げる訳ではありません。全人類が心の隅に隠した想いを声に出し、実行する決意を持って行動しました」といって、障害者抹殺計画の動機を説明しています。その後、自分の経歴を説明した後で、事故で後遺症があるだの、フリーメイソンがどうの、美容整形がどうの、UFOを見たことがあるだの、医療大麻を導入すべきだ、カジノを建設すべきだ、革命で日本

第一章　相模原事件と精神医学

国が生まれ変わるだの、転々と話題が飛躍しています。内容もさることながら、文面の論理の流れは、普通の人についていけるようなものではありません。

それでも、この手紙の文字や内容を読んでみて、精神科医としては、「これは異常だ」というものは感じません。これは、**少なくとも精神病の人の文章ではありません。**私どもは、**統合失調症**の人の**支離滅裂**、ドイツ語で「Zerfahrenheit」と呼ばれる文体を知っていますが、これはホンモノの患者でないと書けるものではありません。ビョーキのふりをしようとしたって、できるものではない。

●統合失調症の支離滅裂とは

どんな感じかというと、今、ここにホンモノの患者さんの古い年賀状があります。これをもとに大幅にアレンジしたものをお読み下さい。

「本日は、月のしめっくくりに書簡を差し出、美わしくくう先生お元気です。私こと見栄えより心うつささやかな己ゆえかたことに微笑です。新年にご挨拶と御礼をいたします。健康を御元気にお祈り申し添えますて、『暮12月には★☆病院の恒例の行事クリスマス演芸会が催され、役職員こぞって加わりとても楽しいでした。クランケとナスたちと混じって余興もいっときいっとき意義深く、盛り上がり、楽しいひと時に学びを得、あっという間に終わり、りんごジュースなども給されたりも一環にあったり、『役職員ありがとう』としるし思いもひとしおでした」

ざっとこんな感じです。これを読めば、誰しもが「なんだ、こりゃあ！」と言いたくなるでしょう。まず、「月のしめっくくり」という言葉も奇妙で

すが、それにわざわざ「ゲツ」とルビを振っています。「私こと見栄えより心うつささやかな己ゆえ」というのも、韻を踏みながら、丁寧に上品に何かを伝えようとしていることはわかりますが、実際、何を伝えようとしているのかわからない。全体として、近況を伝えて、感謝と感動を込めようとしているのだけれど、「いっときいっとき意義深く」とか、「楽しいひと時に学びを得」とか、奇矯な表現が目立ちます。

りんごジュースがおいしかったようで、理解できるところは、理解できます。でも、読者の皆さんによく読んでもらいたいのは、この年賀状、知的に低いとか、漢字を知らないとか、無理して難しい言葉を使おうとして失敗しているとかいう問題ではないということです。

この女性は、昭和時代から40年以上入院していた、当時初老の患者さんでした。もとはといえば、地方都市の資産家のお嬢さんで、その時代のこの町としてはいい教育を受けた人でした。今はすっかり病院の片隅に沈んでいますが、それでも立ち居振る舞いや言葉遣いに、かつての良家の子女の片鱗がほの見える人でした。

でも、この手紙には、論理に独特のほつれがあったり、文脈上あり得ない言葉がポーンと出てきたりします。そういった全体の展開に注目してみれば、これは単純に知的な問題ではないことはおわかりいただけると思います。

これが本当のビョーキです。カルテに書くときは「**連合弛緩**」とか「**支離滅裂**」と表現します。これが統合失調症の患者さんにして初めて書けるような本物の思考障害です。

知的な問題ではないだけでなく、文法の問題でもありません。日本語の問題でもありません。日本語を勉強中の外国人だって、こんな文章は書けません。

それと比べれば、被疑者の手紙はいたって普通です。少なくとも普通っぽく見えます。文と文との間の飛躍はあるけれど、少なくとも各文の内部ではそれなりにまとまっています。言葉の奇矯な使用も見られません。か

なり高揚して書いているので、話題が散らばりがちですが、それなりに筋の通った所信表明になっています。

●「作戦内容」と称する犯罪予告

　被疑者の手紙で最大の問題は、「作戦内容」と称する三枚目です。犯罪を明らかに予告しています。しかも、非常に具体的です。「作戦内容　職員の少ない夜勤に決行致します。重複障害者が多く在籍している２つの園（津久井やまゆり、●●●●）を標的とします。見守り職員は結束バンドで身動き、外部との連絡をとれなくします。職員は絶対に傷つけず、速やかに作戦を実行します。２つの園260名を抹殺した後は自首します」とあります。

　結果から見ると、まったく**本人の予告通りのことを行った**ことになります。被疑者は犯罪の素人ですから、手段をたくさん考えることはできない。となると、事前に予告した通りの方法でしか、やりようがない。でも、そうなると、「**十分予見できた。なぜ防げなかったのか**」という議論になります。「これだけ本人に明確に予告されておきながら、その通りやられてしまうとは何事だ。しかも、19人も殺害されたんだぞ。何をやっているんだ」、当然、そう思います。

●警察における情報伝達

　もう少し事実確認をしましょう。被疑者は、今回の**事件の現場となった施設に平成24年12月から勤務を開始**しています。それから３年と少し経った平成28年２月15日、衆議院議長あての手紙を議長公邸職員に渡しています。
　前日の、２月14日に持っていったけど、受け取ってもらえませんでした。

それで、翌日被疑者は改めて公邸に出かけて、やっと受け取ってもらいました。ところがそこに障害者殺害を予告する内容が記されていました。公邸はすぐ麹町署に通報。警視庁から神奈川県警に連絡がいって、当日中に津久井署にも情報は正確に伝わっていました。

　このあたりの情報伝達はきわめて迅速です。**警察という組織**は動くためには理由がいるから、何となく腰が重い組織のように見られますが、少なくとも**情報伝達という面ではそれこそ電光石火**です。おそらくこの時点で、こういう名の人物がいて、相模原の施設に職員として勤めていて、障害者殺害の計画を持っていて、しかもそれを示唆する書面を衆議院議長公邸にまで持っていったということを津久井署の警察官たちは正確に知っていたはずです。

　その一方で、**政府機関には、この事件の被疑者の手紙に限らず、被害妄想と思われる意味不明の手紙や電話はそれこそ無数に来ている**ものです。私は、警察庁、法務省、外務省に友人がいますが、彼らのところにも「電波を流さないでくれ」とか「いい加減に盗聴はやめてもらいたい」とか「ロシア政府と結託して俺を殺そうとしているだろう」などの電話はしょっちゅうのようです。こういう**「電波系」の電話やメール**はあまりにも数が多いから、来ても職員はいつものこととして処理してしまいます。どうしても危機感が薄れます。

　とはいえ、事件現場になった津久井署レベルだとそうでもないはずです。丹沢山麓の湖畔の平和そうなところです。中央省庁と比べれば、地域住民からの電波系の通報は少ないでしょう。だから驚いただろうし、特に、被疑者の手紙では襲撃予定の施設を名指しで指定していましたから、それなりに警戒感は持ったはずです。「これだけ予告されて、実行されたらまずい」という程度の危機感はあったはずです。

● 警察の初動

　実際、その通り、**平成28年2月19日には津久井署は動いています。**まず、18日に被疑者が勤め先施設で同僚に対して「障害者は生きていてもしかたがない。安楽死させるべきだ」と言いました。それを受けて**19日には、施設の上司が本人と面談**していますが、その際にすでに警察に通報して、**警察官を面談に立ち会わせています。**警察官は、すぐ来てくれた。つまり、有事を予想して、事前に準備を整えて、すぐに出動できるようにしていたのです。

　そして、上司と本人との面談の際、上司は本人に問いただしました。しかし、本人は考えを変えない。結局、**その場で本人は退職**しています。

　おそらく当日は、施設内の一室に被疑者、上司、津久井署員の少なくとも三人が一堂に会していたのでしょう。上司としては3年も務めていた職員のことですから、それまではそれなりに信頼していたはずです。それが、突然、「重度障害者は安楽死させるべきだ」と言い出した。上司としても驚きだったはずです。この件の処理をどうつけるか、さぞや考えあぐねたことでしょう。

　しかし、この面談の際に警察官を同席させていたぐらいですから、上司としては早い時期に警察に相談していたものと思われます。つまり、施設側は最初から「この男、本当にやる可能性がある」と思っていたのでしょう。話し合いに先立って、**「退職、即、身柄を警察に譲り渡す」**というシナリオを描いていたものと推測されます。

　施設側としては、もう本人のことを同僚だとは思っていなくて、むしろ、本当にやりかねない危険なやつだと思っていたのでしょう。施設側はすでに自分たちが被害者の側に回る可能性があると考えていたはずです。ここからは想像ですが、上司は「何を言っているんだ。おまえ、気は確かか？ その発言取り消せ。でないと施設では働かせてやれない」とか何とか言っ

た。そしたら、被疑者が「取り消しません。重度障害者は安楽死させるべきです」と言う。そして、売り言葉に買い言葉のように「もう辞めます」と言う。そしたら、上司は直ちに「お巡りさん、見ましたか。こいつ、イジョーだと思います。どっかに入院させてください」などと言ったのでしょう。上司は警察官に「入院させてほしい」「逮捕してほしい」「保護してほしい」「退去させてほしい」、こういった何らかの意思表示をしたのだと思います。明確な意思表示がないと警察官は動けません。警察官が動いたということは、上司が被害者の立場から警察に支援を求めた事実があったはずです。

●警察官通報、措置入院

　そして、津久井署の警察官は直ちに相模原市に**通報**します。警察官は、施設上司の要請を受けて、その場で本人の身柄を確保し、**保健所**に電話したのでしょう。

　「もしもし、相模原保健所ですか。津久井署の警察官ですが、警察官職務執行法第3条に基づき、精神障害の疑いがあり自傷他害のおそれのある者を保護しました。**精神保健福祉法第24条**による通報をいたしますので、措置入院のルートに乗せてください」

　そういった決まり文句を電話口で言ったはずです。それを受けて保健所職員は、

　「承知しました。本日の措置入院の当番病院は〇〇病院ですので、そちらに対象者を移送してください。私どもも直ちに職員をそちらに向かわせます」

　などと返答したのでしょう。

　措置入院は、一般には県知事の命令です。この制度は、県の**行政処分**として行われるものです。でも、このケースの場合、相模原市で起きていて、

相模原市は2010年に**政令指定都市**に移行しています。政令指定都市は県の業務の一部を県に代わって処理することができ、措置入院もその一つです。というわけで、神奈川県知事の名ではなく、相模原市長の名の下に措置入院が行われることになりました。

　市役所に電話しないで、保健所に電話したのはどういうわけかというと、県や政令指定都市にとって、公衆衛生関係の仕事は保健所が窓口になっているからです。保健所の設置者は、県や政令指定都市です。それで保健所に電話したのだと思われます。地域によって行政の窓口はまちまちで、県の**精神科救急情報センター**であったり、**精神保健福祉センター**であったり、**こころの健康センター**という呼称になっているところもあります。県庁や市役所に電話してもいいと思いますが、そうすると電話を掛け直すところを教えてもらえます。いずれにしても地域の警察官は、精神保健福祉法第24条による通報をどこにすればいいかは知っています。

　もっとも、措置入院が県知事ないし政令指定都市市長の命令だからといって、実際に県知事が関わるわけではありません。知事の名の下で保健所職員が関わります。保健所職員が知事の代行をするわけです。保健所に電話しないで、知事さんや市長さんの携帯電話を鳴らしてもいいかもしれませんが、そんな勇気のある警察官はいないはずです。

●警察官職務執行法（警職法）＝実行行為なき身柄拘束

　そもそも15日に麹町署が手紙を受け取って、殺害計画があることがわかった時点では身柄を拘束できなかったのでしょうか。こういう疑問を抱く人もおられることでしょう。

　しかし、それは難しいでしょう。なぜなら、**実行行為**が伴っていないからです。実行行為が伴わないと犯罪が成立しません。身柄の拘束なんて、とてもとても、できるものではありません。

「でも犯罪の準備をしていたではないか」という反論もあり得ます。それでも難しいと思います。基本的に刑法の考え方では、実行行為があって初めて処罰が可能になるのであって、**未遂**の処罰すら例外的です。犯罪の**準備**は、未遂よりさらに実行行為からは遠い、いわば、犯罪の前の前の段階にすぎません。一応、刑法上は、**予備罪**として**内乱予備罪**、**外患予備罪**、**私戦予備罪**、**放火予備罪**、**殺人予備罪**というものが規定されています。そのほか、**破壊活動防止法**にも犯罪準備の処罰を規定しているようです。

ただ、殺人予備罪に相当するかどうかというと、私は法律家ではないから、断定的なことは言えませんが、拳銃を用意しているとか、爆弾を設置したとか、青酸カリをもって現地に向かったとかいった、明々白々の殺人準備ができているならまだしも、被疑者の場合は、まだ手紙を送った段階にすぎません。殺人が実行される蓋然性が客観的に存在するとはいえないのではないでしょうか。

もっとも、19日に**緊急措置入院**になるときに、津久井署の警察官はいったん本人の身柄を拘束しています。身柄を確保したうえで、警察の車で措置入院先の病院へと向かっています。施設がタクシーを呼んで病院まで送ったのではないし、本人が自らバスに乗って病院に行くわけもありません。そもそも、あの山のなかですから、バスが頻繁に来るのかどうかもわかりません。ここは、警察がいったん身柄を確保したうえで、病院まで警察の車で連れて行って、措置入院にまわしたのです。

先ほど「実行行為が伴わないと身柄の確保はできない」と申し上げたことと少々矛盾するようですが、警察官はある条件の下で、例外的に実行行為なき身柄拘束が可能となります。これは、実質上**「逮捕状なき逮捕」**となりえますから、こういうことが乱用されてはまずいわけですが、ここに**「警察官職務執行法（警職法）」**という法律があります。その第三条に異常な挙動その他周囲の事情から合理的に判断して精神錯乱状態で自傷他害、あるいは、財産に危害を及ぼすおそれのある者に対して、警察官が保護していいという条文があります。この第三条に基づいて、「本人保護」という

第一章　相模原事件と精神医学　25

名目で身柄確保を行ったのです。

　この場合の必要条件は、措置入院の際の自傷他害と同じです。ただ、その場合、原則**24時間**と決まっています。たとえ24時間と決まっているとしても、これは実行行為を伴っていません。まだ、犯罪の実行行為を行っていないのに予防的に拘束することになります。実行行為なしに予防的に拘束することを「予防拘禁」といいますが、原則として予防拘禁は許されません。しかし、警職法第三条ならそれができる。つまり、警職法は予防拘禁を例外的に許している制度なのです。

●警察官職務執行法と予防拘禁

　ここで「**予防拘禁**」という言葉が出てきました。この概念と警職法との関係について、もう少し確認しておきたいことがあります。それは、予防拘禁に伴う人権上のリスクです。**警職法第三条は、「犯罪を犯したから」ではなく、そのリスクがあるからこその身柄拘束**です。となると、当然人権上の問題が発生します。

　警職法第三条は予防拘禁の制度ですから、それなりに法的セーフガードができていないといけません。

　実は、旧憲法の時代は、その点がまことに危ないものがありました。当時は、警職法のかわりに「**検束**」という**予防拘禁の制度**がありました。これは行政官庁が身体拘束する制度でした。この場合、いまの「自傷他害のおそれ」に相当する人を保護することを「**保護検束**」、それにくわえて、暴行、闘争その他の治安を害するおそれのある人を拘束することを「**予防検束**」と呼んでいました。ドイツ法のVerwahrungをモデルにしたと言われています。このドイツ語、独英辞典で調べてみると、英語のcustody、detentionに相当するということですから、まあ「保安目的の拘禁」だと思っていいでしょう。

　前者の保護検束はともかく、後者の予防検束は、非常に危険な制度であ

ることは確かです。治安維持法の時代なら、警察官が「オイ、コラ」というような調子で国民を弾圧していたでしょう。当然、**予防検束は強制執行の法的根拠として濫用された**でしょう。

そして、戦後になって新憲法が制定されました。そもそも**旧憲法には「基本的人権」という概念がなかった**のですが、**ポツダム宣言の第十条**に「言論、宗教及思想ノ自由並ニ基本的人権ノ尊重ハ確立セラルベシ」とあって、これを受諾することをもって、初めて基本的人権の概念が入ってきたといえます。そして、これをそのまま新憲法は引き継ぐことになりました。いわば、**敗戦の際にアメリカからの贈り物として、基本的人権が与えられた**といえます。

それで、新憲法ができてみて、基本的人権の観点から見て検束の制度はまずいだろうということになりました。それで**1948年に廃止**されました。そのかわりにできたのが、**警察官職務執行法**です。したがって、この法は制定された経緯からして検束制度に代わるものです。予防拘禁制度の後続ですので、この警職法も濫用されないかどうかは、常にメディアの議論になってきていました。

●デートもできない警職法

　1958年に岸信介内閣が第一線警察官の権限を拡大する警職法改正案を国会に提出したことがありました。

戦争が終わってまだ、13年しかたっていません。巨人の新人長嶋茂雄が金田正一に四連続三振を食らったり、スバル360が発売になった年です。政治の世界では4月に岸信介と鈴木茂三郎社会党委員長による「話し合い解散」があって、55年体制後初の総選挙が行われています。

その後、10月に岸信介内閣が国会に警職法改正案を提出しました。これが**「デートもできない警職法」**と言われて、大反対運動を引き起こすこと

になります。

　この改正案では、「疑うに足りる相当な理由」がありさえすれば、職務質問や所持品調べだけでなく、警告や制止もできるとされました。「これでは、治安維持法の復活ではないか」ということで、猛烈な反対運動が発生しました。そこには、社会党や労働団体のような野党勢力だけでなく、婦人団体や文化団体も混じっていました。

　婦人団体の参加を後押ししたのが、集英社の『週刊明星』です。この雑誌は、当時は芸能週刊誌としてナンバーワンの人気を誇っていました。今はなくなってしまいましたが、私が学生時代にもまだ現役バリバリの女性週刊誌でした。皇室モノなどを得意にしていました。

　この芸能週刊誌が「**デートもできない警職法**」という特集を組んだのです。「お嬢さん、あなたがステキなあの人と二人でいる。『私たち、これからいいところ』だと思っていると、そこにペッパー警部が突然現れて邪魔をするんですよ。それが警職法です」というような感じで、女性読者に語りかけたわけです。

　このキャッチワードで政府批判に女性を巻き込むという、荒業をやってのけたのが、梶山季之という辣腕ジャーナリストだったそうです。実際には匿名で書いたので、真偽のほどは定かではありません。

　ただ、同じ時期に梶山は、皇太子妃決定の情報をつかむと、まだ記事にするなという報道協定があった段階で、突然、「話題小説　皇太子の恋」と称するものを『明星』に掲載しています。それで宮内庁は大慌てで、11月下旬に皇太子と正田美智子様の婚約を発表しました。こうしてミッチー・ブームが始まりました。

　つまるところ、この梶山という人は、芸能記者の顔をした、実際は筋金入りのジャーナリストだといえるでしょう。「恋愛の自由」を礼賛するポーズを示しながら、実は「報道の自由」「表現の自由」を主張していたのです。

　そして、『明星』の巧妙な仕掛けに呼応するように、警職法反対運動には400万人が参加しました。それで、政府は法改正を断念。**このときの反対**

運動は、議会の外での運動が政治を変えることができることを初めて示したことになりました。この成功体験は、戦後民主主義を象徴する一つの事件となりました。このときの**国民全体を巻き込む手法が、その後の安保反対闘争に受け継がれる**こととなります。

● 警職法は裁判所の監視下にある

　これだけ国民の厳しい目がある以上、現行の警職法第三条では、濫用の防止について、厳しい法的な拘束があります。
　この法律は、「**警察比例の原則**」を明確に謳っています。つまり、警察権限は対象となる社会公共への障害に比例して行使されなければならないとされています。すなわち、刑法の謙抑主義と同じ主旨で、警察権力を抑制する原理が明確に示されています。つまり、この法は警察目的を達成するための必要最小限度を超えて、行使されてはならないとされています。警察権限の行使を最小限の必要悪とみなすことで、控えめな法運用を謳っています。
　そのような法運用がなされるためには、裁判所のチェックが必要になります。実際、**警職法の行使は、裁判所のモニターの下に置かれます**。警察官は、保護した事実を毎週裁判所に報告しなければなりません。具体的には、氏名、住所、保護の理由、保護及び引き渡しの時日、引き渡し先などです。
　この場合、裁判所とはその地域の裁判所ということであり、警察署所在地を管轄する簡易裁判所になります。相模原のケースの場合、津久井署の警察官が関わりましたから、相模原簡易裁判所ということになります。
　そして、もし24時間以内に引き渡し先が決まらなかった場合、どうするか。その場合、身柄拘束が当初の制限時間を超えてしまいますので、新たに簡易裁判所の裁判官から許可状を取り付けなければなりません。

しかも、許可があれば、延長は可能というものでもないし、警察比例の原則からいっても、簡単であってはなりません。許可状がパスするのは、裁判官が「やむを得ない事情がある」と判断した場合に限られます。

　裁判官としては、「原則24時間以内」というスタンスできます。それを警察官が延長しようとすれば、それに対して裁判所はブレーキをかける方向で動きます。「やむを得ない事情もないのに認めるわけにはいかない」というスタンスです。それにいくらでも延長が可能というわけではなく、5日までです。それ以上は、いかにやむを得ない事情を強く訴えたとしても許可は下りません。

　警職法第三条は、短期間の予防拘禁を許容する条文ですが、しかし、その場合は**法の番人たる裁判官の厳しい抑制の下**におかれています。戦前の検束の歴史を踏まえたうえで、法的セーフガードを固めているといえます。

　警察官の立場からすれば、「24時間」の規定がある以上、焦りを感じながら仕事をしています。いつまでも被疑者の身柄を留め置くと法に触れてしまいます。できるだけ早く、身柄を病院に引き渡したいのです。そうしないと、裁判所あての書類を書いたりして仕事がふえます。

　『こちら葛飾区亀有公園前派出所』の両津勘吉も、漫画のなかで結構書類を書かされています。まあ、両さんの場合は始末書でしょうけれど、ともかく警察官という仕事は、テレビドラマほど格好いいものではなく、机に向かい、背中を丸めて、書類をコツコツ書くことも仕事のうちです。でも、誰だってできるだけ余計な書類仕事は減らしたい。警職法第三条の場合だって同じです。第三条は、保護して引き渡すまでが仕事ですから、保護することが目的ではありません。引き渡して初めて任務完了となります。

　相模原事件に話を戻すと、警察官としては、保健所職員から聞いた当番病院へと被疑者を護送します。その間、警察官としては「何としてでも引き渡すぞ」という気でいたはずです。したがって、病院に無事到着して、措置入院さえ成立してしまえば、もうガッツポーズなのです。

● 措置入院とは「裁判なき無期拘禁」

　さて、いよいよ病院に連れてこられて緊急措置入院となるわけですが、この場合の緊急措置入院というのは、普通の措置入院とどう違うのでしょうか。

　普通の措置入院なら精神保健指定医2名の判断が必要です。でも、緊急措置だと1名でいいのです。つまり、夜間、休日などで、精神保健指定医2名の確保が難しいが、それにもかかわらず急いで入院させる必要がある場合、例外的に1名の判断でよしとしているわけです。

　では、この場合も警職法第三条のように簡易裁判所に届け出るのでしょうか。それは違います。裁判所には届け出ません。別のところに届けます。警職法第三条のときは裁判所でしたけれど、**措置入院の場合は、すべて知事**です。相模原のような政令指定都市なら、市長です。裁判所は関わりません。

　ここは非常に重要なポイントなので、どうかご理解をいただきたいと思います。措置入院に裁判所は関わりません。先に警職法第三条は、**「逮捕状なき逮捕」**だといいました。しかし、そうなってはいけないからこそ、法律の役所である裁判所が監視しているのです。ところが、措置入院には裁判所は関わりません。ですから、事実上**「裁判なき無期拘禁」**となります。これが措置入院制度の最大の弱点です。

　ここは見逃されがちですが、重要なポイントなので、繰り返しましょう。警職法第三条による身柄拘束は、裁判所に届け出る。措置入院による身柄拘束は、裁判所に届け出ない。警職法では、裁判所のブレーキが利く。したがって、警察がアクセルを踏みすぎて暴走したときに、裁判所がブレーキを利かせてくれる。措置入院では、裁判所はノータッチ。あくまで、行政が関わるにすぎません。したがって、行政が「治療」の美名のもとにアクセル全開にしたときに、誰もブレーキをかけてくれません。**警職法を縛**

り付けていた法的セーフガードが、措置入院においてはまったく機能していないといえます。

● 精神科救急と緊急措置入院の常態化

さて、2月22日には措置入院に切り替わりました。これは、**緊急措置入院**で入ってきた患者さんは、**72時間以内**に切り替える必要があるからです。2月19日は金曜日でしたので、土日はなかなか2人の指定医が確保できない。それで、週末を挟んで22日の月曜日に再度2人の指定医による措置入院が行われたというわけです。

平常ならば、措置入院の前に緊急措置があって、二段階になっているわけではありません。普通は措置入院だけです。土日や夜間のように2人確保できないときに例外的な緊急措置入院が行われ、翌週の月曜日に直ちに措置入院のやり直しが行われることになります。

ですから、緊急措置入院は、あくまでも例外的な措置のはずです。でも、ここに大きな問題があります。**精神科救急**という制度です。これは夜間や週末に警察経由の緊急措置入院を引き受けるシステムです。こんな**目的が医療なのか治安なのかわからないシステム**を、十分な議論もないままに拙速に作ってしまいました。それ以来、本来は例外的措置であるはずの**緊急措置入院が、完全に常態化**してしまいました。普通の措置入院だと2人の指定医の判断です。2人必要なのは、1人だと間違いが起きるからです。だからこそ、2人の指定医が独立して診察し、2人一致して「精神障害ゆえに自傷他害のおそれ」と判断してはじめて、行政処分としての拘禁が可能となります。

でも、緊急措置の場合、指定医1人の判断ですから間違いも起こりやすい。それにもかかわらず、間違いが高確率で起こることを百も承知で、精神科救急というシステムを設計してしまいました。指定医が1人しか確保

できない時間帯に、あえて緊急措置で入院させる制度を作ってしまったのです。

　この**精神科救急というものは、ほとんどが警職法第三条を経由**しています。警職法は警察権力の実力行使です。つまり、端緒において逮捕状もないままに**警察権力の実力行使**が行われ、それによって拘束された身柄を、裁判も経ないで閉鎖病棟に拘禁しようとするのです。これが、**「逮捕状なき逮捕、裁判なき無期拘禁」**であることは、明々白々です。こんな危険なことが、治療という美名の下に常態的に行われています。精神科医の良心を信じるしかありません。しかし、いかに良心的な精神科医でも、魔が差すことがあります。さらにいえば、県庁から無言の圧力がかかることもあります。

　こんな危険なことが起きかねない状況が、精神科救急制度によって作られてしまいました。**緊急措置入院こそが、精神科医療濫用の温床**になってしまっています。

　そして、相模原事件の場合も、予想通り、緊急措置入院が事件の発端となっています。

第二章
被疑者は精神障害なのか？

● 「470人抹殺！」は精神障害なのか？

　緊急措置入院の際に入院させた判断は妥当だったのでしょうか？
　妥当とはいえないでしょう。しかし、批判は後からはいくらでもできます。
　私は精神科医ですから、あの日、措置診察を強いられた未見の同僚に同情を禁じえません。あの場面で判断を迫られて、さぞや困惑したでしょう。「私は障害者総勢470名を抹殺することができます」というようなとんでもない発言を行っている人間を連れてこられた日には、精神科医としても度肝を抜かれます。
　この発言は、いかにも異常です。まっとうな人物ではないことは確かです。でも、**精神科医に問われていることは、「精神医学的な障害」に該当するかどうか**です。世の中には常識的にみてまっとうな人物とはいえないが、「精神障害については非該当」という人もいます。この世には、ありとあらゆるエキセントリックな人がいて、そのほとんどは精神障害に該当しません。該当しなければ措置入院の必要はありませんから、「措置不要」と判断すればいいのです。
　それでは、相模原事件の被疑者は精神障害に該当するか。
　「障害者総勢470名を抹殺することができます」、こんな極端な信念を持っている人間を診察する機会は、精神科医にはありません。
　私たち精神科医は普段から、「妄想」と呼ばれる病的な信念をもっている

人を診察しますが、私たちが普段よく知っているところの「妄想」と、この男の「470人抹殺！」とは、あまりにもかけ離れています。普通の精神科医ならば、「これは本当に俺たちの仕事だろうか？」「ホントに措置入院なのか。冗談じゃない。警察の管轄だろう」と内心思うでしょう。

●措置診察における無言のプレッシャー

「要措置」の判断は正しかったとは言えないでしょう。そもそも「470人抹殺」というは、**医療の対象ではなく、警察の管轄**だったはずです。
ただ、その点を割り引いても、私としてはこの未見の精神保健指定医が気の毒でなりません。私が同じ立場だったら、同じ誤謬を犯していた可能性だってあると思っています。
措置診察を強いられる指定医は、「ボール球に手を出す」エラーよりも、「ストライクを見逃す」エラーの方が、後になって同僚たちに非難されるものです。つまり、「措置不要」と判断すべきケースを「要措置」と判断しても、それはよくあることですから、時期が来れば適切に退院させればいい。でも、「要措置」と判断すべきケースを間違って「措置不要」と判断してしまえば、患者にとっての治療の機会を奪われることになります。医師として治療すべきケースを見放したということになりますから、その場合の同僚たちの批判というものは、それはそれは厳しいものがあります。
職人の世界というものは、どこでも同じだと思いますが、**互いに他人の失敗を厳しく断罪する文化**があります。精神科医集団だって同じです。統合失調症の診断を見逃したり、「要措置」の症例を見逃したりすれば、後日、ケースカンファランスが開かれて、同僚たちに血祭りにあげられます。ですから、措置診察の際も、「『要措置』のケースを絶対に見逃してはいけない」というスタンスで臨みます。野球に例えれば、「打ち気満々で、ボール球に手を出しやすい状態」だといえるでしょう。

「470人抹殺！」は、それ自体は、医療の対象ではありません。ただ、措置診察の当番にあたっていた指定医には、**「絶対に精神障害を見逃してはいけない」というプレッシャー**がかかっています。だから、たとえ「470人抹殺！」が医療の対象でないと思っても、

「待てよ。この男、そんな突拍子もないことを言っているくらいだから、そのほかにもよくよく聞いてみたらいろいろ妙なことを言っていて、『やっぱりビョーキでした』ってことにもなりかねないぞ。ここは慎重にしないといけない」

と、つい思ってしまいます。

それに、その指定医が到着するまでのあいだに、診察室のなかは警察官や保健所職員によって、**「当然、措置入院でしょう」という空気**がすでにできあがっています。こんな状況で、冷静に判断するのは大変なことです。

●警察官に取り囲まれて措置診察

措置診察というものが、実際はどういうものかここで説明しておきましょう。

措置診察は、俗に「措置鑑定」といういい方もしますが、実際には刑事精神鑑定のようなフォーマルなものではありません。精神鑑定ならば、分厚い事件資料を、場合によってはダンボール箱数箱分も送り付けられて、それを事前に読み込んで行います。しかし、措置診察では、わずか数枚の病歴情報のみです。**限られた情報のなかで、数十分の診察時間のなかで、ごく簡単な面接を行うだけ**です。

そもそも、当直中、真夜中にいきなり電話がかかってきます。まさに寝込みを襲われる感じです。「今から措置入院お願いします」という感じで保健所の職員に言われます。それで、大慌てで白衣をひっかけて、顔も洗わず、頭に寝ぐせをつけたままの状態で当直室を出ます。診察室に行ってみ

たら、興奮した人物が屈強なお巡りさん数人に両手をつかまれた感じで連れてこられています。

診察室では、気難しい表情で、腕組みして仁王立ちしているお巡りさんたちがずらりと並んでいます。

「さっさとと診断してくださいよ。こっちは身柄引き渡すまでが仕事ですんで…」

とでも言いたげな表情で、こっちをにらみつけています。

こういうところで、真夜中に自分以外に医師がいなくて、誰にも相談できないような状況のなかで、判断を迫られるわけです。怖そうなお巡りさんが何人も自分を取り囲んで、「おい、こら、先生さんよ、だらだらしていないで、早く判断しろ！」という感じでくる。こういう、すさまじいプレッシャーのなかで診察しなければなりません。

●次の2つのうちから1つ選べ：「要措置」「措置不要」

問題は、こういう状況にあって、「ノー」と言ったらどうなるかです。すなわち、「措置不要」という判断です。

措置入院に関わる書類には、**「医学的総合判断」の項に、「要措置」と「措置不要」の二つの選択肢**があって、どちらかにマルをつけるようにできています。それで、「ノー」なら、「措置不要」にマルをつけることになります。厚生省のホームページから入って、以下の順番に探していきます。ホーム＞政策について＞分野別の政策一覧＞福祉・介護＞障害者福祉＞改正精神保健福祉法の施行について＞各種様式。すると、様式21「措置入院に関する診断書」（PDF：138KB）（Word：60KB）というものが出てきます。これが、措置診察の際に医師が記入する用紙です[2-1]。

さて、相模原事件のような場合に、この状況でそれがはたしてできるでしょうか。「措置不要」と判断するのなら、それは、精神保健指定医として

「医療ではなく警察の管轄ですから、どうぞお引き取り下さい」と判断することになります。

それもできなくはありません。でも、

「もしかすると、この男、『470人抹殺！』はともかく、そのほかにもいろいろ妙な妄想を持っているかもしれないし、とにかくここは調べてみないといけないな。あわてて『措置不要』にしたら、あとで『病気見落とした！』って言われかねない。それはまずいぞ」

そんな風に考えてしまいます。実際、もし、ホンモノの病気だったら、それはそれで積極的に治療しなければならなくなります。病気を見落としたら、見落としたで、あとから同僚たちの罵詈雑言を受けることになります。

緊急措置診察の際は、指定医は大変な緊張のなかで判断しなくてはなりません。真夜中、限られた情報、限られた時間、相談相手はいない、警察官に取り囲まれている、皆、帰りたくてイライラしている、こういう例外的な状況のなかで、たった一人で行う判断ですから、実に難しい。判断を誤ることもあり得ます。

警察官からすれば、**警職法第三条の24時間期限**が迫っています。となると、病院に連れていって医者に身柄を引き渡す以外に手立てがない。医者に押し付ける以外の選択肢がない。警察官の心理としては、ともかく、何が何でも医者をして「要措置」にマルをつけさせるよう、その場の空気を作っていくしかありません。

その場合、警察官はけっして措置入院自体を強制しているわけではありません。しかし、俊敏な判断を求めていることは確かです。

「『要措置』か『措置不要』か、さっさと判断してください」

と医者に迫ってきていることは確かです。しかも、その場合、

「先生、ここは『要措置』でしょう。早くしてくださいよ。俺たちゃ、身柄を引き渡すまでが仕事だ」

という有無を言わさぬ雰囲気が、顔からにじみ出ています。

この無言の圧力にあっては気弱な精神科医としてはついつい「要措置」にマルを付けたくなります。もう、お膳立てが出来上がっているのです。

● それでも「措置不要」と判断したら

　もし、あの状況で「措置不要」と判断したらどうなるでしょうか。
　診察室は一気に蜂の巣をつついたような騒ぎになります。警察官は一斉にあれこれ言い始めるだろうし、保健所の職員も、失望の思いを隠そうともせず、厳しい視線を投げかけてくることでしょう。
　「先生、空気読んでくださいよ。こんな夜中にせっかく病院まで連れてきたのに…」
　そんな感じを、言葉には出さなくても、表情や身振りで示すことでしょう。
　しかし、**それでも正しく判断するのが精神保健指定医の仕事**です。真夜中にたった一人の指定医しかいない状況であろうが、その指定医が自分の診断に基づいて「措置不要」と判断したのなら、正々堂々と「措置不要」にマルをつければいいのです。勇気をだしてそうすればいい。そして、警察官が騒ごうが、保健所の職員が途方に暮れようが、「じゃあ、後はよろしく」と言って、さっさと診察室を後にして、当直室に戻って、高いびきをかいて眠ればいいのです。
　でも、まあ、そんな胆力のある精神科医がどれくらいいるかでしょう。相模原事件の措置判断は、正しいとはいえないが、致し方なかったとも言えます。
　ツーストライクをとられて追い込まれているバッターは、見逃しの三振を取られるわけにはいかないから、きわどいボールでも打ちに行きます。あの判断を下した医師を、後から非難してもしかたありません。

第二章　被疑者は精神障害なのか？　39

●胆力のある精神科医ならどうするか

　さて、私ならどうするか。
　私は、知力にも体力にも自信はないが、胆力に関しては、平均的な精神科医を上回っています。度胸があって、心理戦にぶれないので、精神鑑定の証人尋問への対応などはかなり得意な方だといえます。
　それで、**胆力のある指定医なら**、こういう場合どうしただろうかと想像してみたいと思います。
　これは、どう考えても措置入院の必要はない。でも、警察官も保健所の職員も、すっかり「要措置」のつもりでいる。こういう状況にあって、「措置不要」にマルをつけるとき、どうやってそうするのか。
　その場合、対象者の顔と書類以外は決して見てはいけません。警察官も保健所の職員も、石ころだと思えばいいのです。そう思わないと判断を誤ります。そして、診察に集中します。
　対象者から話を伺って、**「自傷他害のおそれがあっても、それが精神障害によると明確に断言できるわけではない」**と判断されたとします。そうしたら、あとはわき目もふらず、淡々と書類に記入すればいいのです。警察官や保健所職員と言葉を交わしてはいけません。集中力が途切れます。**精神障害と言い切れない理由を書類に列挙**していって、「以上の所見を考慮するならば、『精神障害ゆえに自傷他害のおそれ』とはいえない」と記せばいい。そして、「措置不要」にマルをつけます。
　最後に、下腹に力を込めて、静かに、厳かに、こう宣言します。
　「警察官の皆さん、保健所の方、どうも真夜中にご苦労様でした。しかし、診察の結果、『精神障害ゆえに自傷他害のおそれありとは断定できない』という結論に至りました。以上です。」
　そうしたら、みんなが一斉にブーイングを始めるかもしれません。しかし、ブーイングにひるむには及びません。

「『措置不要』の理由は、書類に記載した通りですので、どうぞご確認ください」

そう言えばいいのです。

さて、それで警察官は引き下がるか。保健所の職員も帰っていただけるか。場合によっては、

「あなた、それでも医者か？　どう考えたってビョーキでしょう。それなのに責任放棄しようってんですか？」

といきり立って言ってきたらどうするか。あるいは、直接そう言わなくても、独り言をつぶやくように、医師としての倫理観を非難するような言い方をしてきた場合どうすればいいか。

その場合、

「精神障害ゆえに自傷他害のおそれありとは断定できません」
「精神障害ゆえに自傷他害のおそれありとは断定できません」
「精神障害ゆえに自傷他害のおそれありとは断定できません」

こう同じセリフを3回繰り返します。そして、

「医師はあくまで医学的な判断に則って診断書を記載します。この場で医学的な判断ができるのは私だけです。私が、診断書に医学的な判断に基づかない記載を行えば、**虚偽診断書等作成罪**に問われます。虚偽の診断書を作成するわけにはいきません」

そう言えばいいのです。

では、もし、警察官が帰り際に、「先生がそんなことを言うから、俺たちはこの危険なやつを野に放つしかない。それで事件起こしたらどうしてくれるんですか！」

そんな捨て台詞を言ったら、どう答えればいいでしょうか。

私なら多分、こう言うでしょう。

「そりゃ、大変だ。とんでもないことだ。警察は事前に把握していた。だから、一度は身柄を確保した。でも、取り逃がした。そして、事件を起こした。大変だ！　大変だ！　大変だ！……。でも、その場合の責任はあ

なた方でしょう。犯罪防止はあくまで警察の仕事。医者の仕事じゃありません」

そう言えば十分でしょう。

●悪態は妄想ではない

そもそも「障害者は生きていてもしかたがない」とは、とんでもない発言です。このとんでもなさはビョーキのせいでしょうか？「妄想」でしょうか？

しかし、これは「妄想」というよりは、思い込みの域を出ていないと思います。

私は、被疑者本人については語ることはできないので、この被疑者のことは置いておいて、他のケースについて話しましょう。以前、ある殺人事件で妄想性障害かどうかが争点になったケースがありました。法廷で弁護人さんが激しく食いついてきて、「被告人は被害者のことを終始一貫『魔物』だと言っている。人間のことを『魔物』だと言っている。これは、非合理かつ訂正不能な確信でしょう。妄想そのものじゃないですか？」と言ってきたのです。かなり激しい口調でした。

それで私はどう答えたか。

「『妄想』ではありません。『悪態』です。」

そう答えました。

傍聴人席からも失笑が漏れました。それで、裁判官席をちらりと見たら、ひとり、必死に笑いをこらえている判事さんがいました。まあ、死刑が予想された裁判でしたし、かなりシリアスな法廷でした。私としては傍聴人席のご遺族を刺激することだけはしたくなかった。だから、慎重に証言していましたが、あのときばかりはつい日ごろのサービス精神が出てしまいました。ちょっとウケすぎました。

しかし、私としては、ジョークを言ったつもりはありません。あくまで、尋問に対して証言したのです。尋問は愚問だった。愚問には愚答こそがふさわしい。ただ人をあしざまに言っているだけのことを「妄想だ、妄想だ」といって空騒ぎしている弁護人は、常識的に考えて「頭が悪い」わけです。それで、弁護人の知的レベルに合わせた回答を返したということです。
　とにかく、人は敵意、憎悪の対象をあしざまに言うときに誇張した表現をすることはあるわけで、それをすべて「妄想」だと主張するのは愚かなことです。子どもがけんかしたときに、よく、「馬鹿、馬鹿、チンドン屋、お前のかあさん、デベソ」って言っているけれど、これを「非合理かつ訂正不能な確信ゆえに妄想」だと主張するのはおかしいでしょう。
　実際、子どもはお前のかあさんのデベソを事前に確認していたわけではない。たぶん、デベソではない。となると、じゃあ、これは「訂正不能な誤った確信」ですか？　「妄想」ですか？　そんな理屈はないでしょう。
　もう一つ例を挙げると、太平洋の向こう側にアメリカという国があります。外からやってきた人たちが集まって、人工的に作った国です。あの国は、常に敵を持たないと立ち行かない。そうでもしないと、自国のイメージがはっきりしないし、国としてのアイデンティティが保てない。そういうときに持ち出されるのが、「悪の帝国」だの「悪の枢軸」だの「ならず者国家」だのという悪態です。国威を発揚するためには、他の国をあしざまに言うしかない。大統領すら、普通にこういう言い方をしています。大統領が率先して悪態をつかないと、あのまとまらない国がまとまりようがないのでしょう。
　そういえば、以前、「ならず者国家」という言葉が出た時に、ウィリアム・ブルムという作家が「そのレッテル、アメリカにこそふさわしい」ということで、『ならず者国家——世界唯一の超大国への案内』っていう本を書いたりしています。
　ともあれ、イランやイラクや北朝鮮が「ならず者」なのか、そう呼ぶアメリカこそ「ならず者」なのか、それを批判するブルムが「ならず者」なの

か、なんだかよくわかりませんが、どっちにしても、それは「悪態」であって「妄想」ではない。みんな気は確かだけれど、大なり、小なり、「ならず者」だといえるでしょうし、こんな議論をしている私だって、人のことを言えた義理ではありません。しかし、「悪態」をつく人が皆、「妄想」を抱いているかというと、それは違うでしょう。「悪態」は「妄想」ではありません。

●思い込みは妄想か？

　被疑者は、「障害者は人間ではなく、動物だ」と手紙に書いていました。これは、確かに「悪態」です。「妄想」ではない。
　しかし、「障害者は生きていてもしかたがない」というのは、単純な悪態以上のものがありそうです。これは、悪態を超えたもう少し広がりをもった観念であり、やはり、妄想と呼ぶべきではないか。そういう疑問もあり得ると思います。
　これは、むずかしい問題です。ある種の思い込みであることは確かですが、それは「妄想」とどう違うのか、という点です。
　先ほど私は、「私たちが普段よく知っているところの妄想と、この被疑者の言ってることとはかけ離れている」と言いました。何が、どう違うのでしょうか。
　どちらも訂正困難な強い思い込みであることは確かです。一応、司法精神医学、つまり、精神鑑定に関する学問のなかでは、**「妄想」**と**「支配観念」**は違うということにされています。つまり、「支配観念」という概念があって、これを妄想ならざる強い思い込みとして、位置付けています。
　「支配観念」は、「優格観念」と訳されることもあります。最初に提唱したのはカール・ウェルニッケ。19世紀末から20世紀初頭にかけて活躍したドイツの精神医学者です。今日では、「ウェルニッケ脳症」、「ウェルニッケ

失語」などの概念で知られています。「支配観念」のドイツ語の原語は、"überwertige Idee"です。英語に訳せば、"overvalued idea"と言ったところでしょうか。「価値をおきすぎた観念」というニュアンスです。

● 小田晋の「支配観念」論

　本邦では、司法精神医学の泰斗小田晋がこの概念を法廷において使っていて、弘文堂の『精神医学事典』の「支配観念」の項も、小田晋が担当しています[2-2]。「ある思考が感情的に強調され、他のすべての思考に優先し、この優先を長時間持続的に保っている場合、この思考または観念群を支配観念（もしくは優格観念）」としています。これが定義です。

　小田晋は、2013年に亡くなった筑波大学名誉教授。獨協医科大学の助教授だったこともあります。現在、私は獨協医科大学埼玉医療センターに奉職していますが、直接の上司部下関係、師弟関係にあったことはありません。しかし、小田は、私のみならず、本邦の司法精神医学関係者に多大な影響を与えた人です。

　学問的な系譜からいえば、私は東京医科歯科大学の初代教授だった故島崎敏樹[2-3]の一番弟子の故宮本忠雄の弟子。小田晋も島崎先生の弟子でしたから、学問的には小田は私の叔父にあたるといっていいと思います。

　小田によれば、支配観念には、病的なもの以外にも、普通に健康だけど、思い込みすぎの場合も含まれるとされます。たとえば、科学者の心理への情熱的探究心や、宗教家の熱烈な信仰心、近親者の不幸にあって悲しみにとらわれている状態などです。

　小田の見解は、ドイツの精神病理学者のカール・ヤスパースの意見にほぼ準拠したものです。ヤスパースも「探求者による真理への熱烈な追求」だとか、「政治的あるいは倫理的確信の情熱的主張」などを例に挙げています[2-4]。ヤスパースは、精神科医から哲学に転じて、キルケゴールの影響

下に独自の実存哲学を打ち立てた人です。ヤスパースは、精神医学者としては実務経験の乏しい文献学者にすぎませんでしたが、精神医学概念の定義ということは熱心にやりました。ただ、彼は具体例を知らないから、どうしてもシンプルに考えすぎる。ヤスパースは、誤謬があれば妄想、なければ支配観念というような、単純すぎることをいっています。

もっとも、ウェルニッケだって、訂正不能なら妄想、訂正可能なら支配観念といっています。しかし、「誤った確信が妄想である」とか「訂正不能だと妄想である」といったシンプルな定義は、現実を裏切ることがあります。典型例すら定義を裏切ります。そこが難しいところです。

たとえば、ヤスパースのいう**「探求者による真理への熱烈な追求」**が「支配観念」の例として正しいとすると、たとえば、次のようなものがあります。

まず、逸話によれば、**ガリレオ-ガリレイ**は地動説を訴えて裁判で有罪になったとき、**「それでも地球は動く」**と言ったとされます。このガリレオの言葉で、小泉元首相のガリレオ解散を思い出す人もいるでしょう。ともあれ、あのとき、ローマ教皇側からすれば、ガリレオの言っていることは、まったくもって「訂正不能な誤った確信」で「妄想」そのものということになります。しかし、結局、ガリレオは科学的には正しかったのです。そうなると「妄想」ではありません。

では、ガリレオを有罪にしたローマ教皇側はどうなのか。教皇側は、天動説を唱えていて、これは今日の科学の観点から見れば誤謬です。だからといって、彼らが「訂正不能な誤った確信に陥っていたから妄想だ」とは言えないでしょう。

要するに、ガリレオ対ローマ教皇の地動説対天動説の争いは、妄想対妄想の争いではなく、支配観念対支配観念の争いにすぎません。「妄想」を「訂正不能な誤った確信」とみなすような膠着した理解だと、このあたりわけがわからなくなります。つまり、この例は支配観念にすぎません。「探求者による真理への熱烈な追求」であって、その意見の対立です。

同じような例は、「政治的あるいは倫理的確信の情熱的主張」にもありま

す。1963年8月に**マーチン・ルーサー・キング牧師**は、黒人牧師として**「アイ・ハブ・ア・ドリーム」**と題する演説を行いました。当時黒人は二級市民とみられていて、アメリカン・ドリームを持つ立場ではないとされた時代です。当時のアメリカにおける黒人差別の現状を思えば、黒人がアメリカン・ドリームを共有するなど「ありえない」こととされたわけです。でも、キング牧師は、「政治的あるいは倫理的確信の情熱的主張」をこめて「アイ・ハブ・ア・ドリーム」と語った。これを「訂正不能」だから「妄想」と呼ぶのははなはだ不適当です。

●支配観念と犯罪

　自分と異なる立場の人の発言を、「おまえは間違っている。根拠がない。妄想だ」といっておれば、政治的に斬新な主張はすべて「妄想」になってしまいます。
　話を事件に戻すと、妄想ではなく、**支配観念が犯罪に関わることはある**のでしょうか？　それはしばしばあります。支配観念が犯罪を引き起こすことはあります。だからこそ、この概念は司法精神医学において重要になってくるのです。弘文堂の『精神医学事典』の「支配観念」の項には、**「狂信者が自分が不当な権利侵害を受けたという支配観念に基づいて闘争的形態」**をとることが指摘されています。
　相模原事件の被疑者は、障害者の存在が経済発展と世界平和を妨げていると言っていました。したがって、ある意味で権利侵害の支配観念といえなくもありません。
　権利侵害の支配観念で犯罪に走る例は、きわめて多いものがあります。たとえば、1974年から75年にかけて、**東アジア反日武装戦線という過激派集団が、連続企業爆破事件**を起こしています。三菱重工ビルなどが狙われました。このとき、彼らは、「企業は日本国家のアジア侵略に加担してい

る」と主張していました。これなどは、彼らの一種のアジア主義の観点からして、日本国家による権利侵害に憤っていたといえます。でも、この「企業は日本国家のアジア侵略に加担している」との信念を「訂正不能」ゆえに「妄想」と呼ぶのははなはだ不適当です。これは「支配観念」とみなすべきです。

　過激派の犯罪というものは、つねに大義名分を用意しています。それは、彼らの立場からすれば大義だろうけれど、被害者側からすれば「訂正不能な誤った確信」です。でも、これらは「支配観念」です。「妄想」ではありません。

　ヒトラーを中心としたナチス・ドイツは、ユダヤ人虐殺をやってしまいました。あのときは、**「アーリア人至上主義」**という大義がありました。

　1971年から72年にかけての**連合赤軍事件**では、永田洋子らはある革命思想に基づいて、**「真の革命戦士となるために総括を促す」**と称して、殺人を正当化しました。

　オウム真理教も、「ポア」なる特異な宗教的概念をもっていて、これで殺人を正当化していました。松本サリン事件、坂本堤弁護士一家殺害事件、ついには、1995年に地下鉄サリン事件を起こしました。

　イスラム過激派も、自分たちのテロリズムを「ジハード」と呼んで正当化しています。

　でも、「アーリア人至上主義」にしても、「総括」にしても、「ポア」にしても、「ジハード」にしても、やられる側からすれば、いずれも「訂正不能の誤った確信」です。だからといって「妄想」として免責されるようなものではありません。こられはあくまで「支配観念」にすぎません。

●妄想と犯罪

　それでは「妄想」とは何なのか。「支配観念」のなかにも「訂正不能の誤っ

た確信」が含まれていて、「妄想」と区別しがたいものがあることはお伝えした通りです。それでは、「支配観念」とは違うところの「妄想」とは何なのか。

「妄想性障害」といって、**系統的な妄想を主たる症状**とする一群の患者さんがいます。統合失調症とは似て非なるものです。幻覚や病的思考障害が伴わないので、妄想型統合失調症とは区別されます。妄想性障害の場合の妄想は、嫉妬、好訴、迫害といったテーマをめぐって、被害と誇大との混沌とした形式をとります。

具体的に言うと、たとえば、**嫉妬妄想**では、配偶者や性的パートナーが不貞を働いていると確信します。そして、その確信に基づいて、あれやこれやの行動に出ます。根拠となる証拠を探したり、盗聴器や隠しカメラで行動を監視したり、興信所に調査を依頼したり、執拗に白状を迫るなどします。

好訴妄想とは、訴訟好きという意味です。法的に何らかの不利益をこうむったと確信して、権利の回復のためのあくなき徹底抗戦に突入するのです。こういう人は弁護士にとって、ある意味でお得意さん、ある意味で迷惑クライエントともいえます。精神科医の私からすれば、弁護士さんに少し精神医学を教えてさしあげたくもなります。こういう人たちは、事実、利害関係がある場合もあります。内容は、近隣とのトラブルとか、遺産争議とか、名誉毀損とかです。でも、実際にあったとしても、その利害対立に関して、誇張してとらえていて、現実的・合理的な吟味がない。それで、自己の権利を一方的に主張して、第三者の忠告などに耳を貸しません。極端な場合、全財産をなげうって、法廷闘争に血道をあげるなどするのです。もう、優先順位の判断も、利益の比較衡量もできません。

好訴妄想以上に、犯罪にとって関係の深い妄想が、**迫害妄想**です。迫害妄想として、精神医学史上有名なケースとして、**「教頭ワーグナー事件」**[2-5]と呼ばれるものがあります。これは、1913年にドイツのバーデン・ヴュルテンベルク州で発生したワーグナーという教頭先生による大量殺人事件で

す。この39歳の男は、若い頃、自慰をやめられなかったことと、大人になって酒を飲んだとき、酔った勢いで獣姦を行ったことがあって、このことで長く倫理的恥辱感に苦しんでいました。そして、そのことを周りの誰かが知っているのではと疑い始めて、次第に村人たちへの敵意・憎悪を強めていきました。そのうち、周りの人がみんな自分のことを嘲笑っているとか、みんながバカにしていると思うようになって、村人に対する復讐計画を立て始めます。それも、何年もかけて、です。そして、1913年の9月に、睡眠中の妻子5人を殺害し、村の家屋に放火し、道で出会った村民に対し無差別に発砲し、結局9人殺害、12人に重傷を負わせるという大惨事をひきおこしました。

● 妄想と精神医学の限界

　嫉妬妄想も好訴妄想も迫害妄想も、それが妄想なのか支配観念の範疇にすぎないのか、私どもも迷うことはあります。そもそも、私も説得力をもって説明しきれないものがあります。

　結局のところ、**精神医学は支配観念と妄想との違いを学問的につめることができていない**といっていいでしょう。妄想の典型例というものは確かにある。支配観念の典型例というものも確かにある。個別の事例について判断を迫られた場合、それを妄想の典型例、支配観念の典型例と比較して、どちらにより近いかを判断するしかないでしょう。そこからの説明は、あくまで正当化するためのポスト・ホック（事後的）な論証にすぎなくなります。

　これは、精神医学の限界ということです。ですから、常識人が平均的な感覚で判断するほうが、裁判の場ではすっきりするかもしれません。被疑者の信念を「妄想」として病気ゆえに免責されるようなものととらえるか、それとも一種の信念とみなして、本人の責任に帰すべきこととみなすかは、

学問的に議論すると難しすぎる。かえって、わからなくなります。

　実は、**平成28年8月22日にBSフジテレビの「プライムニュース」**が相模原事件を取り上げたことがありました2-6)。このとき、私も黒岩祐治知事、古川俊治代議士、加藤久雄弁護士とともに、出演しました。

　このとき黒岩知事がまさしく常識人の平均的な感覚でコメントしていました。被疑者の信念をオウム真理教の「ポア」と対比して、「信念や思想に凝り固まった人間は精神障害なのか。精神科医に任せるといっても無理があるんじゃないか」という発言をしています。

　この黒岩知事の発言は、精神科医としては、非常にありがたいコメントでした。それで、私としても黒岩知事をサポートする一言を言いたかったのですが、直後に、アナウンサーの秋元優里さんが話題をどっかに持って行ってしまったのです。美人なのにひどいことするなあと思いました（笑）。

● 大麻使用には通報義務はないのか？

　2月20日土曜日に**大麻の陽性反応が検出**されています。この時点で、被疑者が違法薬物の大麻を使用していたことは明らかです。なぜ、これで逮捕に至らなかったのでしょうか。

　大麻取締法では、じつは**大麻の使用は禁止されていません**。もちろん、大麻の使用が法的に許されているわけではありません。しかし、大麻取締法は、とりあえず、**大麻の所持、栽培、譲渡・譲受等を禁止**しています。使用に関しては禁止する規定はありません。

　所持も譲受も栽培もしていないで、使用だけは行ったなどということはありえませんから、使用したということは、所持か譲受か栽培をしたはずです。そもそも、譲り受けたこともないし、自分で持っていたこともないし、栽培したこともないのに、なぜか使うだけは使ったということが可能なのか。このあたり、まじめに考えるとおかしなことになります。もらわ

第二章　被疑者は精神障害なのか？　51

ずに使うとか、持たずに使うとか、両手を使わずに空中に浮遊しているマリファナを、鼻で捕まえて吸ったとか、かなり超絶技巧のような気もします。手だと所持だけれど、鼻で捕まえたら所持ではないのでしょうか。確かに、鼻という器官は、普通、「所持」とか「譲受」目的で使用することの少ない身体部位だとはいえます。

　ただ、法の趣旨としては、所持や栽培や譲受の証拠がなければ、使っただけでは犯罪が成立しないという意味でしょう。

　ともあれ、昨日、措置入院で入ってきたばかりの患者に、検査で大麻の陽性反応が出たからといって直ちに警察に通報して逮捕してもらうなど、そんなことは医者はしません。措置入院の制度は、基本的に患者を治療するための制度であって、犯罪の早期発見、早期逮捕のための制度ではありません。採血や採尿をするときに患者さんには治療目的であることを伝えます。そのとき、「違法薬剤が出たら、即刻警察に通報する」と言えば、検査に応じてくれる人はいないでしょう。

　それでは、通報はしなくていいのでしょうか？　通報義務はないのでしょうか？

　大麻に関しては、通報の義務はありません。そもそも覚せい剤の場合だって通報義務はありません。では、麻薬はどうか。麻薬の場合、**麻薬及び向精神薬取締法第58条の2**で医師が診察して、受診者が麻薬中毒者であると診断したときは届け出る必要があります。ただし、医師が「麻薬使用者だが麻薬中毒者ではない」と判断した場合は、届け出なくていいことになります。それに勘違いしてはいけないけれど、**届け出先は、警察ではなく都道府県知事**です。どういう意味かというと、麻薬の届け出に関しては、犯罪告発が目的ではなく、むしろ、本人の保護と医療の必要性を判断するためです。届け出義務は、「麻薬は違法だから逮捕だ」という趣旨ではなく、「麻薬中毒は病気だから、治療的に介入しなければいけないでしょう」といった対象者保護の視点こそが、法の趣旨なのです[2-7]。

　それでは、**公務員の犯罪告発義務**には該当しないでしょうか。

たしかに、**刑事訴訟法第239条第2項**は、犯罪告発義務を規定しています。ただ、公務員の職務上正当と認められる程度の裁量は許されるとされています2-8)。実際、公立中学や高校の先生が、生徒の暴力や喫煙を見つけて、それを全例、犯罪告発義務の対象としていたのでは生徒指導はできません。

たとえば、**未成年者喫煙防止法**は、その第三条において、「未成年者の喫煙を知りつつも制止しなかった親権者やその代わりの監督者は、刑事罰である科料（1万円未満）に処せられる」としています。ですから、校舎の裏でたばこを吸っている生徒を見つけた教師は、生徒に注意します。そしたら、生徒が口答えして、「家でも毎日吸ってるぜ。おやじにも怒られてるけど、知ったこっちゃない」と答えたとします。法の条文を字義通り受け止めれば、ここで教師は父親を「未成年者の喫煙を知りつつも制止しなかった親権者」と見なして、犯罪告発しなければいけなくなります。でないと、自分自身が「未成年者の喫煙を知りつつも制止しなかった（親権者の代わりの）監督者」とみなされて、犯罪告発されてしまいます。

実際は、まあ、そう固いこと言わないで、先生の裁量に任せましょうということになっています。

私ども精神科医にもいえます。精神科医が違法薬剤の使用の可能性を見つけ次第、全例警察に通報していたのでは、いったいだれが薬物依存の治療を担うのかという問題が生じます。私自身、これまで違法薬物の使用を発見したことはありました。診察室で偶然知りえた事実として、です。その場合、警察に通報したことはありません。対象者に指導はしますが、それ以上はしません。

●診断が5つもある？

週が明けて、平成28年2月22日の月曜日に被疑者は正式に措置入院す

第二章　被疑者は精神障害なのか？

ることになります。19日の金曜日の緊急措置のときは、**「躁病」**の診断。それが22日の措置入院のときは、一人の指定医が**「大麻精神病」「非社会性パーソナリティ障害」**と診断し、もう一人の指定医が**「妄想性障害」「薬物性精神病性障害」**と診断しています。診断が全部違います。どうなっているのでしょうか？　大丈夫なのでしょうか？　当然、そう思います。

　実は、「大麻精神病」と「薬物性精神病性障害」は、診断が違うのではなく、カテゴリーの大きさの違いにすぎません。私が誰かに「どちらの病院に勤めているのですか？」と尋ねられたら、「埼玉の病院に勤めています」と答える場合もあるだろうし、「越谷の病院に勤めています」と答えることもあるでしょう。国際学会ならば、「日本の病院」と答えるでしょう。すべて正解です。どちらかが間違っているわけではなく、カテゴリーの大きさの違いにすぎません。

　それにしても、「躁病」と「大麻精神病」と「妄想性障害」は全然違います。ただ、実臨床においては、大麻使用歴のある人が躁状態を呈し、そのさなかに妄想を訴えることもありますから、それをどのカテゴリーに収めるかというのは、常に問題になります。そうはいっても、**措置入院**ではいってくるときは、その**要件は「精神障害ゆえに自傷他害」**ですから、精神障害であればいいわけです。診断の各論は問題になりません。

　例によって精神医学というのはいい加減なものだとお思いでしょう。診断がこんなにたくさんあっていいのでしょうか？

　それはその通りであって、診断を正確につけることが困難なのが精神医学の特徴です。精神医学が「いい加減」でなく、正確性をもった学問になることは、未来永劫ありえないでしょう。**このような学問は、決して治安目的に使用してはいけません。**危険すぎます。

　ともあれ、措置入院は、本来は自傷他害のおそれのある乱心者を警察官が警職法第三条で保護したときに、すみやかに治療のラインに乗せるためにあります。警察から医療へのダイバート、つまり方向転換のためにあるのです。ですから、自傷他害のおそれの原因が精神障害であることがわか

れば、とりあえず措置入院は成立します。
　そもそも、平成28年2月19日の緊急措置のときは夜にどさくさに紛れるように入院してきていますし、22日の措置入院のときだって、週末をはさんで、まだ十分な情報も得られていないままに、ともかく急いで判断しなければいけません。「自傷他害のおそれの原因が精神障害であり、治療の必要性がある」ということが判明すれば、とりあえずの目的は達成します。入院の段階で求められていることは、そこまでです。診断の細部を詰めるのは後回し。入院してからでおそくありません。詳しいことは後から。とりあえず、入院の必要性を確認すればいいのです。基本的に患者さん自身の利益にかなうことを先にすべきで、まず治療しながら、詳しい診断の検討は急がなくていいという考え方です。

第三章
予防拘禁としての措置入院

● 知事の決定としての措置入院

　被疑者は、平成28年2月22日に措置入院となりました。措置入院の決定は、相模原市長によって行われています。3月2日に退院となっていますが、これも相模原市長の決定です。
　措置入院においては、一般に、入院と退院は首長、すなわち県知事ないし政令指定都市の市長の決定ということになります。相模原市は政令指定都市ですから、相模原市長ということになります。
　ところが、平成28年8月のBSフジの「プライムニュース」3-1)では、黒岩知事がずいぶん率直に語っておられたのですが、年間神奈川県に措置入院は700件あるけど、実際に知事のところに決済が上がってきたことは一度もないとおっしゃってます。形式上、知事が決済することになっているけれど、実際には知事のところに上がる前に、下位の職位の者によって処理されているというのです。
　私は、あの時一緒に出演していて、「ずいぶんフランクにお話しなさるんだなあ、黒岩知事さんは」と思いました。まあ、黒岩知事にとってフジテレビは元の職場ですし、司会の反町理キャスターは後輩です。だから、リラックスして、自由に現状を語ったのでしょう。
　この点は、行政実務によくある形式上の決定権者ということと考えていいでしょう。知事さんや市長さん自らが、患者に会って、入院・退院を決

定するわけではありません。お忙しい知事さんが、年間700人もの患者さんに会うわけにはいかないです。首長が精神保健指定医に命じて、指定医が知事の代行として診察して、入院・退院を決定するわけです。県にも政令指定都市にも、首長の名で行う行政上の措置が無数にあって、その都度知事自らが現場に足を運ぶわけがありません。首長の名の下に、実際には実務担当者が行います。

　こういうのは、会社組織や大学でも同じです。私が会議や講演などで出張するときに、出張届を大学に出します。ですから、私の出張を許可しているのは学長ほかの大学幹部ということになります。しかしまあ、これは出張申請書の学長欄を、事務部の誰かが押していると考えていいと思います。出張申請書など毎日無数に上がってくるのに、その一つ一つに学長が印鑑を押していたのでは煩雑すぎて、学長は一日中印鑑を押し続けないといけません。

　知事や首長だと、それこそ決済書類は無数でしょうから、24時間、365日、ひたすら印鑑を押し続ける毎日になります。これでは、一日が印鑑を押すことでつぶれるだろうし、印鑑だって一日でつぶれるでしょう。

● リベラル知事と保守派キャスター

　しかし、あの『プライムニュース』では、黒岩知事と反町キャスターとの間で、重要なやり取りがありました。

　まず、黒岩知事が「もし知事が精神科医のドクターの退院判断を覆して、『あの人、危ないからもっと長く置いとけ』と言う裁量権があったら、むしろこれは怖いんじゃないですか。**知事が権力を濫用すると、逆に何が起こるかわかりませんよ**」とおっしゃいました。

　ここで黒岩さんは、現職の知事としては自身の職権に対して抑制的でなければならないという立場をとりました。さすがは、元ジャーナリストで

す。かつては、権力を監視する立場にいましたから、ご自身が現在監視される立場にあるということは、十分に自覚しておられるわけです。

　それは同時に、民意が行政に圧力をかけすぎた場合、それに押されて行政があらぬ方向に行ってしまうことへの懸念もある。この点を「何が起こるかわかりませんよ」という、少々厳しい言い方でおっしゃったわけです。視聴者に対して、**「行政に過剰な責任を課せば、逆に、権力は濫用されてしまうんですよ。皆さん、それで本当にいいんですか」**と問うているのです。

　そして、そのあと、反町さんが「それじゃあ、最終的な決定権者は精神科医だけで、事実上精神科医の判断だけで退院できるっていうんですか」と言いました。ここで、反町さんは少々意識的に黒岩発言に不服そうな表情で、反論してきました。

　反町さんは、国民の治安に対する不安を代弁する立場をとり、それに対して、**黒岩知事は権力の濫用に警戒的な立場**をとってきたわけです。議論の流れ上、反町キャスターが保守、黒岩知事がリベラルといった位置取りをしたわけです。

　黒岩知事は「精神科医が県に連絡して、『これこれこういうわけで措置入院を終了して退院させます』と言う。そしたら、形式上、その判断を県としては受け入れるということです。ドクターの判断を受け入れるんです」と言いました。それに対して、反町さんはいささか不服そうに「知事は実際には細かく見てはいない。でも、首長が了解したという制度上の安心感はある」と言いました。

　この場合、反町さんの立場は、「知事の判断」という制度上の規定があって、それによって国民を安心させているのに、実際にはそういう国民の信頼を裏切っているではないか。これってザル法だろうというニュアンスでしょう。つまり、「県庁のチェックは形骸化しているじゃないか、表面的に国民に安心感をもたせていて、実際には国民をだましているだけだろう」という批判的な含みです。

●知事には責任もあるが、権限も大きい

　この黒岩知事と反町キャスターとのやりとりは、実に多くを語っています。まず、首長の権限についてどう考えたらいいでしょうか？
　黒岩知事のように権力の行使に自制をかけてくださる方ばかりならいいのですが、**実際には県知事の権力は絶大**です。県知事だけでなく、行政機関の判断は、現場の指定医にとって絶対的な影響力を持っています。
　一方で、黒岩知事だけでなく、古川俊治代議士も、「制度上のたてつけとして知事の決定ということになっているにすぎない」とおっしゃっていました。「国の制度としては、こういう形式的な判断はいくらでもある。行政的な権限として決定は知事の名で行われるが、内容はそれぞれの専門家にゆだねられていて、専門知識のない行政官は専門家の意見に従う」と語っておられました。
　ただ、それとともに古川議員は、**「内容的に問題があれば、知事の責任が問われることはあり得る」**ともおっしゃっていました。「責任が問われる」とは、言い換えれば、「権限を行使できる」ということでもあります。制度上は、ここで権限を行使していいのです。法的な権限として剛腕を振るうことも十分可能なのです。
　ここで、さきほどの黒岩知事の「怖いんじゃないですか」という発言がクローズアップされます。その通りであり、裁量権の濫用がその気になればいくらでも可能だということです。
　そもそも「濫用」という表現すら不適切かもしれません。それほどに知事の権限は大きく、法的なアクションを取ることは、むしろ、知事の権限の当然の範囲内ともいえます。黒岩知事のような濫用に禁欲的な人ならいいのです。「知事が精神科医の退院判断を覆して、『まだ退院はだめだ。危険なやつだからもっと置いとけ』と言ったら、権力の濫用だ」という自覚がありますから。でも、実際は、そんな控えめな知事ばかりではありませ

ん。大きな権限をふるうことを喜びとしている知事だっています。世論におもねる知事だっています。そういう知事が、「**市民の安全が第一だ。精神科医が勝手な判断で退院させないように、しっかりと監視しておかなくちゃいけない**」といった発言を行っても不思議はありません。

> ●精神保健指定医は知事に逆らえない．

　もし仮に、知事が「あの男、危ないからもっと長く置いておけ！」と言ったらどうなるでしょうか？
　そうすれば、精神保健指定医など、一瞬にして縮み上がります。直ちに、「措置入院延長」です。行政に逆らえる指定医など絶対にいませんし、制度上もそれは不可能なようにできています。そもそも現行の法制度においても、**精神科医には退院させる権利はありません。**「措置症状消退届」というのを書いて、知事に退院を要望することはできます。でも、**退院はあくまで知事の許可**がいります。
　そもそも、現場では、簡単に「措置症状消退届」など書けない状況ができあがってしまいます。相模原事件のような大きな事件が起きると、各都道府県は措置入院者の退院について必要以上に警戒し始めます。県から病院に対して、「どうかここは慎重に」というような、含みを持たせたプレッシャーが入ることはあります。
　それは、県知事からの直接の圧力ではありません。知事自らが院長に電話して、「退院はだめだ。措置入院を続けろ」とまでは言いません。そんなあからさまな命令などではない。知事からの命令とか、あるいは、文書による通達とか、そんな後に証拠が残るようなものではありません。もっと目立たない、しかし、きわめて影響力の大きい圧力がかかってきます。
　具体的にはどのようなものか、ご説明しましょう。県の出先機関が保健所で、保健所から病院へは、婉曲ですが、一定の方向性をもったメッセー

ジは送られてきます。圧力というより、むしろ、職員たちの自主規制のようなもので、そういう「県庁の雰囲気をどうかお察しください」「ご配慮願います」などといったいいかたです。特に、もし、県知事が「措置入院の解除は慎重であるべきだ」というようなことを、記者会見とか、会議での発言などで行っている場合には、県庁も、保健所も、皆、「知事の意向に沿うようにしなければいけない」という意識にかられます。知事を怒らせては行政上のいかなる手続きもやりにくくなりますから、当然、そういう意識は実務にも反映されていきます。

そして、そういった自主規制は、病院にも確実に伝わってきます。措置入院に際しては、県の末端の部署と病院の事務部門とは書類を交換しながらやっていますし、電話でのやり取りも頻繁です。その過程で、県からの有形無形の影響はあります。そういった「退院は慎重にしてほしい」という雰囲気というか、空気というか、磁場というか、そういったものができあがってしまっています。

そういう無言の圧力に抗して、「いや、すでに自傷他害のおそれありとはいえない。措置入院の要件は消失した。退院だ。県知事がなんと言おうと退院だ。知事は、精神科医じゃないだろう。医学的な判断なんてできない。医学的な判断については、俺が専門家だ。専門家として、これこれ、こういう理由があり、ゆえに『措置入院終了』、そう判断した。それでいいだろう」と、こんな感じで強く主張できる指定医がいるかどうかが問題です。

そういう人はいないわけではないと思います。でも、実務上は勇気を出して「措置症状消退届」を出しても、それで退院できるわけではありません。**「措置症状消退届」**などしょせんは、**「知事さん、退院をお願いいたします」という請願書**にすぎませんから、知事が「まだ早い！」と言えば、退院延期です。

どこまでいっても、精神科医は知事には逆らえないのです。

● 措置入院は有事に濫用される

　ということは、**措置入院では指定医は県知事の言いなりになる可能性がある**ということです。実際には、知事というよりも、県庁の役人たちということになりますが、指定医はこの人たちの退院許可がないかぎり、措置入院患者をいつまでも病院に留め置いておかなければなりません。
　そもそも、ここで精神科医を、「知事の言いなりになりやがって！」と非難してもしかたありません。そもそも決定権は知事にあるのです。
　そこに措置入院の制度としての脆弱さがあります。「措置入院の必要性を判断せよ」と命じるのも知事です。その判断に基づいて入院を決定するのも知事です。退院を決定するのも知事です。たとえ、精神保健指定医が「自傷他害のおそれが消失した」と判断しても、実際に指定医が退院させられるわけではありません。知事による「措置解除」の決定が必要です。したがって、**知事が指定医の判断を却下すれば、措置入院は永遠に続きます。**
　古川俊治代議士は、「法のたてつけ上そうなっているにすぎない」とおっしゃいました。それは、平時にあってはそうです。入院担当医が「措置症状消退届」を提出することはできます。平時にあっては、「措置症状消退届」をもってそのまま退院です。
　でも、問題は、有事の場合、つまり、「何よりも社会の安全を」という方向で民意が大きく動いている場合です。相模原事件のような重大な事態が発生したときとか、実際に入院時に自傷他害の切迫したおそれがあって、そのことをメディアが派手に報道しているような場合です。そういうときは、「危険な患者を野放しにするな！」という大合唱が始まります。「野放し」という人に対しては適切でない表現も、ここぞとばかりに使われます。こうなれば、民意に押されて、知事は剛腕をふるってきます。

> ●措置入院はとりわけ都市部で濫用される

　すなわち、措置入院という制度は、平時にあっては問題なくても、有事にあっては100％、濫用されます。こういう濫用のリスクは、知事の言動が民意によって影響を受ける都市圏こそ大きいといえるでしょう。
　たとえば、東京都知事の場合は、一挙一動、発言のすべてがニュースやワイドショーで取り上げられます。知事としてはカメラの前で「断固とした態度」を取って、決断力のあるところを有権者たちに示さなければなりません。当然、措置入院に対しても厳しい態度で臨むでしょう。そうなると、精神保健指定医なんて、絶対に逆らえません。指定医が「退院させたいんですが…」と言っても、知事が「まだだ！」と言えば、シュンとして「わかりました」と引き下がります。それでしばらく入院させて、指定医が「知事さん、そろそろどうでしょうか？」と言っても、知事が「ダメだ！」と言えば、おずおずと引き下がります。また、しばらく継続して、指定医が「もういい加減いいだろう」と思って、「知事さん、どうでしょう？」と言っても、「ダメだ。まだだと言っただろう。精神科医のそういう杜撰な判断こそが、市民を怒らせるのだ。ダメと言ったらいったらダメだ！」、こんな風に叱られたら、もう指定医としてはどうしようもありません。とにかく知事さんの逆鱗に触れないように、「『措置症状消退届』を安易に出してしまいました。私は悪うございました。ごめんなさい。深く反省し、もう、『退院お願いします』なんて気安く言わないようにいたします。県からのご指示があるまでは措置入院継続いたします」となりかねません。
　でも、本当は患者さんの人権を守ることだって、精神科医の仕事のはずです。実際、**精神保健福祉法の第29条**には、自傷他害のおそれがなくなったときには、**「直ちにその者を退院させなければならない」**とされています。でも、こんなふうに知事さんから怒られたら、もう抵抗しようがありません。

精神保健福祉法の条文上は、身柄拘束は治療の目的を遂げ次第解除すべきとされています。法の理念としては、まったくこれが正しいのですが、残念ながら、その**美しい理念を実現するには**、**精神保健福祉法は制度として弱すぎ**ます。だから、法の上っ面は指定医の責務としての人権擁護を謳っているのに、実際にはそれを実現するだけの制度的な仕組みができていません。

　それに、精神科医なんてしょせんは小市民にすぎません。私ども精神科医は、つねに県庁や霞が関の顔色を窺っています。いつも誰か偉い人に怒られやしないかと、おどおど、びくびくしながら仕事しています。精神科医なんて小心翼々とした存在ですから、「逆らわないように」、「波風立てないように」と、そのことばかりに気を配っています。権力者の皆さんにたてつかないように、四六時中、従順さをアピールして、忠誠心を行動で示そうとしています。その結果、措置入院期間は延々と延びていくことでしょう。

●予防拘禁としての措置入院

　どうしてこういうことになるのか。精神科医だって小市民ですが、保健所の職員だって、県庁の役人だって小市民です。権限を持たされているといっても、知事さんだってその素顔は普通の人です。そして、普段は激しく権力批判をしているジャーナリストだって、一個人としては小市民です。

　そもそも、小市民だからいけないのではなくて、小市民がまじめに仕事をして、それにもかかわらず人道上の大きな問題がなく、ことが平穏に進むような制度が必要でしょう。

　そのためには、現場の指定医が行政の権力に影響されることなく、精神医学的判断と自らの良心に則って判断して、それが実務にも反映されるようなシステムを作らなければならないわけです。たとえ、民意が「危険な

患者を野放しにするな!」と異口同音に叫んでいても、そんな過酷な状況にあっても、「すでに自傷他害のおそれはない。これ以上の拘束は人道上許されない。退院だ」と指定医が言えるような制度設計がなされていなければならないのです。

そのためには、何が必要なのか?

裁判所です。裁判所を嚙ませるしかないと思います。**行政が圧力をかけたときに、それに対抗できるだけの権力があるのは裁判所だけ**です。行政が治安維持の方向でアクセルを踏んだときに、人道上の観点からブレーキをかけることができるのは司法権だけです。それこそが、「法の番人」といわれるゆえんです。裁判所が絡んできてくれれば、精神科医としては司法と行政の間でうまく立ち回って、はなはだしい人権侵害を避けることができます。丁度、アメリカと中国の間を立ち回っていけば、日本という小国だって生き延びていけるように。

裁判所といえば、さきほど、警察官職務執行法と措置入院との比較が出てきました。どちらも、予防拘禁、つまり、犯罪の事実はないがおそれがある場合の身柄拘束の制度です。

この点について、さきほどの議論をもう一度確認しておくと、警職法第三条による身柄拘束は、裁判所に届け出る。措置入院による身柄拘束では、裁判所には届け出ない。警職法では、警察が治安維持の方向でアクセルを踏んでも、裁判所がブレーキを利かせてくれる。措置入院では、行政が治安維持の方向でアクセルを踏んでしまえば、もう誰もブレーキをかけてくれない。

となると、**措置入院は、きわめて危険な制度**といえます。**濫用に対して脆弱な制度**であるといえます。平時にあってはその点は少しも目立ちません。むしろ、精神保健福祉法の第29条に謳われる通りに、自傷他害の恐れがなくなったら「直ちにその者を退院」です。ところが、有事にあっては別です。**有事こそ、法のアラが目立ってきます**。相模原事件のようなことが起きれば、制度のほころびが突如として露呈するのです。「危険な患者

を野放しにするな！」の大合唱が起これば、もはや誰も止められません。予防拘禁はいつまでも続くでしょう。

● 逮捕状なき逮捕

　こんな濫用されやすい制度を、どうして今まで放置してきたのでしょうか？
　精神科医のほとんどは、リスクに無自覚です。措置入院が予防拘禁目的に濫用されかねないとは思っていません。というより、それが現に予防拘禁目的で使われているという事実に、まだ、気づいていません。でも、「他害のおそれゆえに入院」というのは、まだ他害行為を犯していないが、近未来において起こすおそれがあるからこその入院です。定義通りの予防拘禁です。措置入院とは、現行制度のままでも、そのまま予防拘禁なのです。
　気づいていないのはどうしてなのでしょうか？
　それは、「私たちは治療しているのです。治安維持のために警察の片棒を担いでいるわけではありません」と信じているし、信じたがっているからでしょう。まあ、これは自己欺瞞です。精神科医同士でいつも「俺たちの仕事は心の健康に奉仕すること。治安維持じゃない」と確認しあっています。だから、措置入院の患者が入院してくるたびに、そう声を掛け合っている。「世間がどう言おうが、俺たちの仕事は治療だ」、そう言って励まし合っているのです。
　でも、相模原事件で世間が措置入院を批判している理由は、「なぜちゃんと治療しなかったのか？」ではなくて、「なぜちゃんと隔離しておかなかったのか？」です。それはその通りであって、結局のところ、措置入院は**治療の美名の下に危険人物を社会から隔離する**ために使われています。「**逮捕状なき逮捕、裁判なき拘禁**」です。
　でも、主治医を引き受ける指定医たちは、「治療のため」というように自

分を無理にでも納得させて、自分たちが社会保安のためにいいように使われている事実から目をふさごうとしています。誰だってそうだと思いますが、自分が他人の意のままに利用されているということにうすうす気づいていても、その事実に正面から向き合うことはできない。そうなると、必死になって自己の行動を正当化しようとします。自己欺瞞しないと、悲しくて、みじめで、耐えられない。いうなれば、「治療のため」という名目は、精神科医がみずからの精神のバランスを保つための方便です。精神科医の精神科医による精神科医のための「心のケア」なのです。

　もっとも、「精神科医は治安の問題に関わるべきではない」という議論はあったはずでしょう。この点は、精神科医たちはどうしていたのでしょうか？

　たしかに「精神科医は治安の問題に関わるべきではない」という議論はありました。治安はあくまで刑事政策に任せるべきです。

　実際、かつて、**触法精神障害者のための刑事政策**が提案されたことはありました。それは、**刑事司法機関をして刑罰に代わる処遇を可能ならしめ、精神科医をしてその本務である医療に専念させること**を実現するはずでした。

● 精神神経学会の混乱

　ところが、驚くべきことに精神科医たちは激しく反対しました。**1969年の精神神経学会**での出来事です3-2)。

　このころの学会は、学園紛争の影響をうけて、大混乱状態でした。若手医師たちが、「医局講座制打倒！」「学会認定医制度反対！」「学会全理事不信任！」などと叫び、罵声と怒号が飛び交うなか、机が倒れ、椅子が宙を舞っていました。その渦中で、十分な理解もないままにこぶしを振り上げ、「断固反対！」と叫んでしまいました。椅子の投げ合いのさなか、興奮した

ついでに、勢いで反対してしまいました。**制度の中身など、誰一人まともに検討しないまま、「保安処分！」のレッテルを貼って糾弾**しました。

ところが、さらに愚かなことに、その一方で、**刑事裁判を経ない、行政処分としての予防拘禁を制度として残して**しまいました。これが、措置入院であり、**治療の美名の下での予防拘禁**です。

大失敗です。裁判所のブレーキのかかった予防拘禁を拒否して、その一方でブレーキのかからない予防拘禁のほうを引き受けてしまいました。しかも、「それが実は予防拘禁だ」という事実に、いまだに気づいていない。気づこうともしません。これは愚行です。**精神医学史上最悪の愚行**と言っていい。しかも、**本人たちはそのさなかに「国家権力と闘う！」と主張して、自己陶酔に陥っていた**のです。

でも、今さら「いや、措置入院は予防拘禁ではない」なんて言い訳は通じません。なぜなら、精神保健福祉法の条文を見てください。そこには、**「他害」を要件とするということが明記されている**のです。

入院させるときに「他害」が要件ですから、退院させるときだって、「他害のリスク」を考慮せざるを得ません。いやがおうでも、精神保健指定医は近未来の暴力のリスクのことを考えざるを得ません。**精神科医が「いやだ、いやだ」と思っていた治安の問題に、結局のところ、関わらせられる羽目**になる。しかも、今度は裁判所といういざというときに頼りになるお役所だって助けてくれません。それは、そうです。かつて法務省がせっかく裁判所が関わる制度を提案したのに、すさまじい剣幕で追い返したのですから。

法務省からすれば、相模原事件で戸惑っている精神科医たちを見るにつけ、「自業自得だ。ざまあみろ！」と思うでしょう。

「精神科医の先生さんよ、あんたら、『自分で診る』って言ったじゃないか。じゃあ、あとはヨロシク！」

ってそう言うと思います。

「だから、言わんこっちゃない」

と内心では思っていることでしょう。

結局のところ、措置入院というものは、**「精神科医の精神科医による国家権力のための予防拘禁」**ということです。

しかも、うかつなことに、精神科医にはその自覚がないのです。

●ヘイト思想と措置入院

さきほど妄想か支配観念かという議論が出ました。そこでは、妄想ではないところの支配観念に関して、ナチス・ドイツのアーリア人至上主義とか、東アジア反日武装戦線のアジア主義とか、永田洋子らの革命思想とか、オウム真理教のポア、イスラム過激派のジハードなど、数々の犯罪思想がピックアップされましたが、これらは妄想ではなく、支配観念にすぎません。精神障害ではありませんから、たとえ他害のリスクがあったとしても、それだけでは措置入院にはなりません。

では、「重度精神障害者は生きていてもしかたがない」、これだって支配観念であって、妄想ではない。となると、措置入院にはならないはずです。

そのはずなのです。どうして入院になってしまったのでしょうか。

相模原事件の場合は、「躁病」とか「大麻精神病」とか「薬物性精神障害」と診断していますので、「精神障害ゆえに自傷他害のおそれ」と判断しても間違いとは言えないでしょう。

となると、次の問題は、躁病にも薬物性精神障害にも、他のどの精神障害にも該当しなくて、ただ**「重度障害者は生きていてもしかたがない」**という思い込み以外にない場合です。この問題にこだわるのは、ヘイト思想とか政治思想との関係です。実際、「重度障害者は生きていてもしかたがない」の「重度障害者」のところには、代入すればさまざまな可能性があり得ます。**「在日外国人」「性的少数派」**などが代入される可能性がある。社会的弱者の側の人々です。こういった人々がヘイト思想のターゲットになって

います。

　それどころか現在の政治体制に不満を持っている人間が、特定の政治家を名指しして、誰それは生きていてもしかたがないというヘイト思想を抱く場合だってあります。こうなると、ヘイト思想というよりも、政治思想というべきでしょう。

　それでは、ある夜、精神科病院当直中の精神科医のところに保健所から電話がかかって、「今から緊急措置診察をお願いします」と伝えられます。30分後、診察室で待っていると、両脇を屈強な警察官が捕まえた状態で、ある男が連れてこられます。そして、保健所職員が精神保健指定医に対して、「措置診察してくれ」と頼みます。診察してみたら、その際、対象者が「在日外国人は生きていてもしかたがない」と言っていたら、どうなるでしょうか？　入院になるでしょうか？

　相模原事件の場合と似ています。この思い込みだけならば、措置入院にはならないはずなのです。ところが、先ほども述べたように、措置診察という特殊な場においては、診察する精神科医は「絶対に精神障害を見逃してはいけない」というプレッシャーの下に置かれています。だから、たとえ「在日外国人は生きていてもしかたがない！」が医療の対象でないと思っても、それ以外にも何らかの精神障害があるのではないかと考えてしまいます。この思い込み以外にも、そのほかに思考のもつれがあれば妄想型統合失調症かもしれませんし、気分の高揚があれば双極性障害かもしれませんし、違法ドラッグを用いていれば薬剤性精神障害かもしれません。それらの可能性をすべて考慮に入れるでしょう。あれやこれやと病名のひとつひとつにあたっていくうちに、偶然、その症状に近いことをその男が口にするかもしれません。そうすると、**「疑いがある以上、措置入院を断るわけにもいかないだろう。あとで何かあったらいけないし…」**と考えてしまいます。

　こうして、指定医が「何らかの精神障害がある。しかも、在日外国人に対する殺害をほのめかす言動もある。となれば、『精神障害ゆえに自傷他害

のおそれあり』とみなさざるをえない」と判断する可能性はあります。こうして、措置入院になってしまうのです。

それでは、ある夜、精神保健指定医が「措置診察してくれ」と頼まれて、対象者が**「誰それ大臣は生きていてもしかたがない」**と言っていたら、どうなるでしょうか？

これも、相模原事件と同様です。つまり、この大臣に対する「生きていてもしかたがない」という思い込み以外にも、そのほかに統合失調症とか双極性障害とかその他の精神障害の可能性も考慮されるでしょうから、「精神障害ゆえに自傷他害のおそれあり」とみなされて、措置入院になる可能性はあると思います。

●政治思想と措置入院

措置入院がいかに恐ろしい制度かお分かりいただけたでしょうか。
これはきわめて重大な問題です。「在日外国人は生きていてもしかたがない」と思ったり、言ったりしていたとしても、**これが警察なら、実際に犯罪を犯していない以上、強制的に隔離したり、拘束したりはできない**はずです。ヘイト思想は不快ですが、いかに不快だからといって、それだけで逮捕したり、監禁したりできるわけがありません。

同じく、「○○大臣は生きていてもしかたがない」と思ったり、言ったりしたとしても、これが警察なら、実際に大臣に対する実行行為に及んでいない以上、逮捕したり、監禁したりはできないはずです。日本は自由主義を採用している国ですから、思想・信条の自由は憲法で保障されています。たとえ、「○○大臣は生きていてもしかたがない」というような極端な思想であったとしても、思想を抱くだけでは犯罪とは言えません。ですから、警察は逮捕も監禁もできません。

しかし、措置入院ならできてしまいます。「治療」の名目さえあればでき

第三章　予防拘禁としての措置入院

てしまうのです。

　しかも、逮捕令状もいりません。刑事裁判もいりません。それでも逮捕も監禁も可能です。なにしろ、たてまえ上は「あくまでも治療目的」なのですから。**「治療目的」という大義さえあれば、逮捕も監禁も、拘束や隔離と言い換えて、それで許される**のです。これが措置入院というものの正体です。

　これはとんでもないことです。措置入院で行っていることは、治療の名の下での隔離・拘束です。でも、実際にやっていることは逮捕・監禁罪に相当する犯罪行為です。思想・信条の自由に対する重大な法益侵害です。こんなことが許されていいのでしょうか？　「治療」という言い訳さえつければ、体制にとって不都合な思想の持ち主は誰でも彼でも措置入院させることができてしまいます！

　しかも、繰り返しになりますが、逮捕状もいりませんし、裁判にかける必要もありません。

　現に相模原事件では、特異な思想の持ち主が措置入院になりました。誰も逮捕状を取っていないし、裁判だって行われていません。

　しかも、あのとき、知事さえその気なら、いつまでも監禁し続けることが可能でした。裁判は行われませんから、知事の判断を覆せる人はいません。精神保健指定医が「措置症状消退届」を提出することはできます。しかし、知事が「まだ早い。却下！」と判断すれば、そのまま継続です。

　もちろん、もし知事が「まだ早い。却下！」と言い続けていたならば、相模原事件は起きなかったでしょう。しかし、**「危険思想を抱いているから」という理由で、一人の個人を逮捕状もなく、裁判にもかけないで半永久的に拘禁することができる**とは、措置入院ほど恐ろしい制度はないといえます。

●治安維持法並みの措置入院

　相模原で起きたことは、他のどこの地域でも起こり得るわけで、「在日外国人は生きていてもしかたがない」という人が措置入院になる場合もあるだろうし、「〇〇大臣は生きていてもしかたがない」という人が措置入院になる場合もあるでしょう。現体制に批判的なジャーナリストが、どこか内輪の会合か何かで、「あの政治家はどうしようもない奴だ。生きていてもしょうがないぜ」と言ったら、それがひそかに録音されていて、それを証拠に措置入院になることもあり得るという話です。

　私だって十分注意しないといけません。この本のなかでは、けっこう思い切ったことも書いていますから、この本が証拠になって、「妄想性障害」と診断されて、気が付いたら措置入院させられてしまうかもしれません。

　この点は、とりわけジャーナリズムに関わる人には知っておいていただきたいことです。措置入院という制度は、行政がその気になれば、活動家やジャーナリストの予防拘禁のためにいいように利用されてしまいます。さきほども申し上げたように、措置入院とは**「精神科医の精神科医による国家権力のための予防拘禁」**です。これが思想信条の自由や報道の自由に対して適用されるとしたら、とんでもないことです。**戦前の治安維持法並みの使われ方すら可能**な制度なのです。

　実際にそのリスクはあると考えるべきです。しかも、精神科医はそれを「政治目的の予防拘禁」とは思いません。誠実に心の治療をしようと思って、善意に基づいて入院させて、治療すると思います。**現に、相模原事件では、障害者に対するヘイト思想の持ち主を入院させて、親切な治療を行おうとした**のですから。

　さらに驚くべきことは、相模原事件の場合、警察は指定医に対して「監禁しろ」とは一言も言っていません。もちろん、無言のプレッシャーはかけたと思います。しかし、「監禁しろ」とはけっして言わない。ただ、「診察

してください」と言っただけです。

　精神保健指定医は行政から診察するようにと命じられました。その結果、措置入院の必要があると判断しました。それで、その通り入院させて、治療したのです。精神科医として、淡々と、誠実に、任務を遂行したのです。でも、それが**結果として、「危険思想の持ち主の予防拘禁」**になってしまっています。

　同じことが、政治犯に対して適用されたらどうなるでしょうか。精神科医は、それでも、淡々と、誠実に、任務を遂行するのでしょうか。

　おそらくそうなるでしょう。閉鎖病棟に入院させ、後ろでカギをガチャンとかけて、隔離室に収容して、もう一度カギをガチャンとかけるでしょう。そして、薬を飲ませたり、点滴をしたり、それで興奮したらベッドに体を縛り付けたりするでしょう。さらに、強い鎮静剤を注射して、電気ショック療法を行ったりもすることでしょう。それらを、特段、非人道的行為だとは思わずに、ただひたすら淡々と、静かに行うでしょう。**「それが私の職務ですから」**と言って、ヘイト思想であろうが、政治思想であろうが、幻覚や妄想を薬や電気ショックで消そうとするように、**「患者さんのため」**と思って、誠実に薬や電気で消しにかかるでしょう。

　これは実に恐ろしいことだと思います。でも、精神科医は、ただひたすら職務を忠実に行っているだけだと思います。そのつもりです。しかし、その結果はとんでもないことになってしまいます。

第四章
世界の精神医学濫用

● 精神医学と国際人権擁護NGO

　私たちは歴史から学ばなければいけません。**精神医学が思想犯の弾圧に使われた**ことは、これまでにも何度もあったし、すぐ隣の国では今でも行われています。
　1970年代から80年代にかけての旧ソビエト連邦で顕著でした[4-1]。政治犯の実に1/3が精神障害と診断されて強制入院させられていたといわれています。それで1983年から89年まで、ソ連は世界精神医学協会から撤退を余儀なくされていました。
　同じような例は、他の社会主義諸国でも起きていて、特にルーマニアがひどかったと言われています[4-2]。
　今世紀に入って明るみにでたのは、中国です[4-3]。
　こういう精神医学の政治目的の濫用については、システマティックに調査している機関があります。**精神医学グローバル・イニシアティブ（Global Initiative on Psychiatry, GIP）** という非政府組織（NGO）です[4-4]。
　これは、反精神医学ロビーのようなものではなく、政治的には中立で、いかなる反精神医学組織とも距離をとっています。アムネスティ・インターナショナルなどと同じようなスタンスであろうと、私としては理解しています。
　もっとも、アムネスティとは規模が違いすぎます。アムネスティは150

カ国に220万人もの会員がいて、多くは一般市民です。GIPの場合、専門性が高く、地域も限られています。

この組織は、もとはといえば**「精神医学の政治的使用に関する国際協会」**、**The International Association on the Political Use of Psychiatry (IAPUP)** という団体でした。主として、ソビエト連邦における精神医学濫用を告発していました。この団体が、その後、精神医学ジュネーブ・イニシアティブ（Geneva Initiative on Psychiatry）と名を変え、2005年から現在のGIPとなりました。

精神科医が中心というわけでもありません。現在の代表は、政治学者の**ロバート・ヴァン・ヴォーレン（Robert van Voren）**です。この人は、ジョージア、つまり、以前グルジアと呼ばれていた黒海沿岸の国ですが、ここの首都トビリシの大学の教授です。英国の王立精神医学協会の名誉会員でもあり、オランダのベアトリクス女王からナイトの称号をもらったりしています。

旧ソビエト連邦を取り上げているということは、この団体は、東西冷戦時代から活動していました。おそらく、冷戦時代末期からだと思われます。IAPUPの創設が1980年です。

主として、カナダ、フランス、イギリス、オランダ、スイス、西ドイツなどの西側諸国の精神科医、人権活動家が中心になって結成されています。対象としていた地域は、80年代、90年代はソビエト連邦を中心に、ルーマニア、ハンガリー、ユーゴスラビア、ブルガリア、東ドイツなどの東欧諸国、さらにアルゼンチン、チリ、キューバなどのラテンアメリカ諸国、さらに南アフリカなどです。

●ソビエト精神医学と思想統制

ソビエトの人権弾圧というと、**アレクサンドル・ソルジェニーツィン**の

『収容所群島』が有名です4-5)。1970年にノーベル文学賞を受賞しています。彼が政治犯として収容所で過ごしたのは40年代、50年代です。もっとも、ソルジェニーツィンは、病院ではなくて、収容所でした。彼が収容されていた時代には、まだ、精神病院はその目的では使用されていませんでした。

　ソビエトの精神医学にとって決定的だったのは、**1951年の10月**に行われた**「合同研究会」**（英語文献では'Joint Session'ないし'Joint Conference'と訳される）と称するものでした。**ヘレン・ラブレツキー**（Helen Lavretsky）4-6)によれば、ここでソ連医学アカデミーと精神神経学会総連合とが**パブロフ主義**を強く打ち出しました。

　パブロフといえば、例のベルの音でよだれを垂らす「パブロフの犬」の学者です。合同研究会当時、パブロフはすでに亡くなっています。

　パブロフ自身は生前はけっしてソビエト連邦御用達というわけではなく、むしろ、苦労しています。1904年に条件反射の研究でロシア初のノーベル賞を受賞したのに、1917年にボリシェビキ党が政権を握るとノーベル賞の賞金を全部、没収されてしまいました。それで生活に困って国外に移住しようとしていたら、そこに手をさしのべたのが**ウラジミール・レーニン**なのです。レーニンがパブロフの条件反射の理論を気に入って、大変なほめちぎり方で、これこそが全世界の労働者階級にとって重大な意義を持つといったと言われています。

　しかし、この点は、どう考えたらいいのでしょうか。労働者と条件反射との組み合わせとは、はなはだ労働者をばかにした人間観と思えなくもありません。

　パブロフは1939年に亡くなり、レーニンは彼より早く1924年には亡くなっています。でも、第二次大戦後、レーニンは**スターリン**によって神格化され、同様に、彼に引き立てられたパブロフも神格化された存在になりました。その結果、**パブロフ主義がソビエト連邦公認のサイエンス**ということになりました。

　それはもはや、話がパブロフの業績とは関係ないところに行ってしまっ

ているといえます。

> ●ソビエトにおける科学の弾圧

　1951年の「合同研究会」に話を戻しましょう。この席で、当時の数人の指導的な精神科医、神経科学者が**「反パブロフ主義的、反マルクス主義的、理想主義的で、ソビエト精神医学にとって反動的で科学を破壊する」**との理由で断罪されました。そして、全参加者の前で間違いを改めるよう強いられ、今後はパブロフ主義に従うようにと、宣誓させられてしまいました。

　ラブレツキーの論文によれば、**グレヴィッチ (Gurevich)、シマリアン (Shmaryan)、ゴラント (Golant)、ギルヤロヴスキー (Gilyarovsky)** といった名が記されていますが、日本で知られている人はいません。ラブレツキーによれば、シマリアンなどは、**アレクサンドル・ルリア**の影響下に大脳皮質ないし皮質下の構造と、精神現象との関連についてかなりの研究を残していたらしく、その一部は戦中にアメリカの精神医学雑誌で高く評価されたりしたそうです。

　でも、だからこそ、つるし上げられたのかもしれません。ラブレツキーも、シマリアンが断罪されたのは、アメリカでの評価が高かったことが原因のひとつだったと記しています。彼を通してアメリカの影響がソビエトに流入するのをおそれたのでしょう。

　実は、ソビエト以前のロシアの精神医学というのは、なかなかレベルは高いものがありました。

　19世紀には**セルゲイ・コルサコフ (Sergei Korsakoff)** [4-7]、**ヴィクトール・カンディンスキー (Victor Kandinsky)** [4-8] という今日でも言及される二人の神経精神科医が出ています。どちらもドイツ語圏で知られていて、その影響で日本の私たちにもその名が伝わってきました。

　コルサコフはアルコールによる精神障害の**ウェルニッケ・コルサコフ症**

候群という病名で知られていて、この病名は今日でも日本の臨床で使われています。

カンディンスキーも幻覚・妄想を伴う急性精神病に関して、**カンディンスキー・クレランボー症候群**という病名が残っています。ここで、クレランボーはフランス人、**ジャック・ラカン**の師匠筋にあたる人です。

つまり、コルサコフはドイツでよく知られ、カンディンスキーはフランスでよく知られていました。ちなみに、このヴィクトール・カンディンスキーは、あの抽象絵画の**ワシリー・カンディンスキー**のまたいとこだとの情報もあります。

当時は、精神科医であれ、画家であれ、ロシアの前衛たちは、西欧諸国の同業者と交流を持っていたものと思われます。

20世紀にはいって、前半のロシア医学における大立者は**アレクサンドル・ルリア**です[4-9]。彼は医学校も卒業して軍医として従軍したこともありますが、普通、生理学者、心理学者にカテゴライズされることが多い学者です。第二次人戦中に**脳損傷のリハビリテーション**に関わって、ここで今日、**高次脳機能**とか**遂行機能**とか呼ばれる現象についての精密な研究を行っています。ルリアと彼の師匠であった**レフ・ヴィゴツキー**などは、今日でも言及されることの多い、偉大な科学者であるといっていいでしょう[4-10]。でも、ルリアもスターリン時代は反パブロフ主義ということで、追放されていました。

● ソビエトとドイツ

第二次大戦中の思想統制といったら、戦後以上に深刻でした。戦争中は、どこも似てくるものであり、日本だって**治安維持法**で思想統制していました。

ソビエトの場合、科学に対する弾圧は、**ナチス・ドイツ**と似ています。

第四章　世界の精神医学濫用　79

膨大な人数の科学者が逮捕され、追放され、行方不明になった人もいれば、獄中死した人もいました。大学の学生たちは、秘密警察に金を握らされて、教授たちの行動を監視するようになりました。科学のことなんか本当はわかっていないド素人の政治家たちが、科学者という高度の専門家たちを前にして、「正しい科学」とやらを説いて、それ以外は「悪しき科学」として断罪するのです。

　こうなると、科学者たちも、恐怖で疑心暗鬼になってしまいます。本来は優秀な頭脳ばかりのはずなのに、冷静に判断できなくなります。つねに誰が俺のことを密告するだろうかとか、逆に、今度、誰のことを密告してやろうかというようなことばかり考えるようになります。体制に逆らえば弾圧されて、科学者としての信念を捨てて、「正しいと決まっていることを疑ったりしません」と誓わされます。体制に弾圧されたくなければ、生き延びるためには誰かを弾圧する側に回るしかありません。

　いじめにあいたくなければ、いじめる側に回る、中学生の心理みたいなものです。優秀な頭脳の持ち主が、子どものような行動に出てしまうのです。弾圧され続けた彼らは、今度は、優秀な頭脳を新たな弾圧のために用いるのです。

　1951年の合同会議以降は、精神医学は激変しました。モスクワ学派の精神科医たち、特に**アンドレイ・スネズネフスキー（Andrei Snezhnevsky）**（Snezhnevskiiとの英語表記もあり）4-11)らのグループが急速に台頭します。彼らこそ、政治体制に完全にコントロールされた集団でした。そして、彼らの影響がソビエト全土に徐々に及んでいきます。

　思想統制は、旧東側諸国だけでなく、すべての全体主義国家で起こりえるはずです。しかし、**社会主義体制**では、自由主義の国より起こりやすいと考えていいでしょう。社会主義の理念のなかに平等で公正な社会をめざすという理想主義志向がありましたから、そういう**社会主義イデオロギーに同調しない者は、「マッド」の烙印を押されがち**なのでした。

　ソビエトが本当に平等で公正な理想社会であったらよかったのですが、

実際には矛盾を抱えていました。しかし、その矛盾を指摘したとたん、「マッド」とみなされる。となると、体制批判はすべて「マッド」とされます。

社会主義体制においてはその体制自体が世界最良とみなされますから、それに反対するなど、頭がどうかしている以外に考えようがない。だから、精神障害なんだという理屈です。

●スラギッシュ統合失調症

精神医学的にはどういう理屈をつけていたのでしょうか。どう診断されていたのでしょうか。

診断されていました。統合失調症です。診断名「**スラギッシュ統合失調症**」"sluggish schizophrenia"、こんな用語はソビエトにしかありませんが、まあ、しいて訳せば「ものぐさ統合失調症」とか「緩徐統合失調症」といったところでしょうか[4-12]。

この用語は、ソビエトの精神医学が濫用する以前からあったと言われています。スネズネフスキーらは、ドイツの精神医学をそれなりに学んできていて、スラギッシュ統合失調症の概念も、その出自は**オイゲン・ブロイラー**の記述した潜在性の一類型にあるのだと主張していました。ブロイラーは、「**統合失調症**」schizophrenia という名称を言い出したスイスの精神科医です。

それで、スネズネフスキーらモスクワ学派の精神科医たちは、体制に反対する人たち向けに便利だということで、積極的に診断するようになりました。

こういう診断の乱用は、以前私が問題にした「**疾患喧伝**」(disease mongering) のケースと似ています[4-13]。しかし、疾患喧伝の場合は、製薬会社の**疾患啓発活動の行き過ぎ**ですが、国家とか秘密警察が関わったわけではない。スネズネフスキーの場合、**KGB（ソ連国家保安委員会）**、つまり

秘密警察と組んでいましたから、疾患喧伝とは比較にならないほど深刻です。警察国家の権力機構に完全に取り込まれていたわけです。

スネズネフスキーらによれば、統合失調症というものは、以前考えられていたよりはるかに多いものだといいます。比較的穏やかな症状で始まって、何年かかってもそのまま経過し、後年になって花開くというのです。でも、もちろん、そんなことは何の根拠もありません。

モスクワの問題が浮かび上がる以前の1973年にWHOが国際的な有病率比較を行ったことがありました[4-14]。その際に国による差はありましたが、それらのデータと比べてみても、モスクワでは高かった。何でこんなに高いのかと聞いてみると、スネズネフスキーらは、統合失調症の患者は社会的な意味ではほとんど正常に機能するけれど、症状は神経症に似ていて、多少妄想的な質を伴うと主張しました。

普通の精神科医なら、「大丈夫かよ、その診断」と当然、思います。それで妄想的な質を伴うとはどういうことかと問われると、彼らは、認識はまあ正常に機能するのだが、自分自身の価値について過大評価しがちで、特に社会を変革するという誇大妄想を抱くこともあるのだというのです。

こうなれば、政府批判はすべてビョーキということになります。そんなわけで、スラギッシュ統合失調症の症状は、「**変革妄想**」（reform delusion）、「**真理への闘争**」（struggle for the truth）、「**保続**」（perseverance）だというわけです。

私なども今、本書において、社会のなかの精神医学の位置について議論しています。「現状ではだめだ、変えなくてはいけない」と思っています。だから、これはスネズネフスキーの立場からすれば、「変革妄想」でしょう。体制側が「現状はすでに真理の実現だ」と思っていて、私はそうは思っていない。となると、「真理への闘争」という症状があることになる。しかも、簡単に妥協しないで主張を続ければ、「保続」という症状があることになります。これで、晴れて「スラギッシュ統合失調症です。入院してください」となるわけです。

●ソビエト精神科医とKGB

　では、当時のソ連の精神科医は全員がKGBに思想教育を受けていたのでしょうか。実は、そうではなさそうです。だからこそ、問題は深刻だともいえます。

　全員が正規の精神医学教育を受けていたといわれています。IAPUPの推測では、**何人かのコアメンバーには共産党とKGBからの直接の命令があった**とされています。ただ、多くの精神科医は特段の疑問もなく、スラギッシュ統合失調症で間違いないだろう。何しろ、ほとんどの人が信奉している理念を捨てて、家族も、幸福も、人生もすべて投げ出そうとしているのだから、ビョーキでないと説明がつかない、というような感じでした。

　今、ここでソビエトの精神科医について議論しているから、「とんでもないやつだ」ということで納得できます。でも、忘れてはいけないことは、**2016年には、日本でも同じことが起きた**のです。つまり、「重度障害者は生きていても仕方がない。抹殺する」など、ほとんどの人が理解も同意もできないし、それで事件を起こして家族も、幸福も、人生もすべて投げ出そうとしているのだから、ビョーキでないと説明がつかない。「これは、措置入院だな」というような感じでした。しかも、**そう診断した精神科医は、特段、悪事を働いているという意識はない**。この点も、ソビエトの精神科医と同じです。

　ある意味でもっと深刻かもしれません。日本の精神科医たちの場合、誰一人秘密警察に思想教育を受けてきたわけではない。誰かにマインドコントロールされてこんなことをやったというのではなく、自ら進んでそう診断したのです。

　ソビエトの場合、おそらく少数のエリート医師がKGBによる徹底的な洗脳教育を受けていた。そして、彼らが精神医学のコアメンバーになって、他の大多数の精神科医を指導しました。その結果、スラギッシュ統合失調

第四章　世界の精神医学濫用

症の概念がそれこそスラギッシュ（緩徐）に浸透していったのです 4-15)。ソビエトの場合、KGBとかアンドレイ・スネズネフスキーとか、誰か責任の所在を特定することもできそうです。

でも、日本の場合、誰が、いつ、措置入院させろと言ったのかわからない。むしろ、誰も言っていない。誰の指示もないのに、精神科医たちが自分たちの判断で動いたのです。

しかも、日本の精神科医たちは全員が、世界標準の精神医学教育を受けています。歪んだ教育を受けてきたわけではありません。秘密警察に思想教育されていたわけではない。普通の平均的な精神科医たちです。だからこそ、相模原の問題は深刻なのです。

ともあれ、ソビエトに話を戻しましょう。IAPUPがもっているデータによれば、**数千人の反体制派**が政治的な理由で強制入院させられています。氏名、生年月日、罪名、入院医療機関名がわかっているだけで1000人以上。これらのデータは、ソビエトの反体制派活動家たちの手から手へとわたって、西側に流れたものです。

旧ソ連時代には**サミズダート**と呼ばれる**自主出版、地下出版**があって、検閲逃れの抵抗運動を行っていたといわれています。おそらく、入院させられたケースについても、反体制派たちがそういった粗悪な印刷物を作って、西側に流していたのでしょう。しかし、それはわかっている数だけで、実際は氷山の一角と思われます。

下士官に不満を言ったとか、お役所の窓口で担当者にたてついたとか、行政の正規の手続きを踏まなかったとかいった、到底政治犯とはいえないような人まで、病名がついて強制入院させられていたとされています。その場合は、もっと短い期間ですが。そんな人も含めれば、膨大な人数になるはずです。

こういう無名の人たちは気の毒なことに、サミズダートの印刷物にすら名前が載りません。誰も知らないところで逮捕されて、誰も知らないところで統合失調症と診断され、誰も知らない病院に送られて、そこで死んだ

人もいるでしょう。

IAPUPは、1990年に人名目録を出版していて、そこには精神医学の政治的濫用の犠牲者として340人がリストアップされ、それにかかわった精神科医として250人がリストアップされています[4-16]。

1990年といえば、**ゴルバチョフ**時代です。彼が書記長になったのが1985年。**ソ連の崩壊**が1991年。その前に1989年に**ベルリンの壁**が崩壊しています。

● 悪意なき犯罪

私にとって、ソ連の崩壊は、まだ20代のころのことでした。学校で習った歴史の教科書が、テレビのブラウン管のなかで書き換えられていくすごい時代でした。

ソ連が崩壊したら、強制入院の情報もどっと出てきました。すぐに**モスクワの精神科医たちによる調査委員会**が立ち上がり、**1994年から95年にかけてのロシアの5カ所の刑務所病院**の記録を調べました。この**5つの病院だけで約2000症例**見つかりました。

そういう人権侵害に関わった精神科医たちは、その後も、新生ロシアで働いています。250人も関わっていましたが、その大半は、先ほどのコアメンバーではなく、普通の医師にすぎません。250人もの規模でKGBに指導されたわけではありません。

調査に関わった**ウクライナの精神科医アダ・コロテンコ（Ada Korotenko）**によれば、精神科医のほとんどは、当時、自分が倫理的に問題のある行動をとっているとは思っていなかったし、まして、政府の抑圧機構の一翼を担っているとは思っていなかったといいます[4-17]。悪意なき犯罪とか、自覚のない悪事ぐらいおそろしいものはありません。

コロテンコはその後、自分の国ウクライナの調査も始めましたが、その

第四章　世界の精神医学濫用

過程で自分のかつての同僚も巻き込まれていたこと、それどころかかなり親しい友人も関与していたことを知るところとなりました。彼女は、自分でも60症例のカルテを読み、犠牲者にインタビューしてみたりしましたが、そうすると驚くべきことがわかったといいます。カルテを読んで、精神科医たちによる症例の記述を読んでいると、「ああ、スラギッシュ統合失調症だわ。私ならそう診断する」と思うようなケースがたくさんいて、実際にその人に会ってみると統合失調症どころか、まるで普通の人で、いわれなき長期入院を強いられてきたにすぎなかったというのです。

この挿話は、コロテンコ自身が自戒を込めてヴァン・ヴォーレンに語っているパーソナル・コミュニケーションのレベルにすぎません。彼女は明言しないけれど、自分も巻き込まれていた可能性があるということでしょう。

彼女は、後年、人権擁護の活動を始めるような意識の高い精神科医です。そういう人ですら巻き込まれてしまったかも、というわけです。

●ソビエトとサガミハラ

社会主義の時代にあっては、誰しもが正常な判断をとることが難しかったということです。精神科医がいて、目の前に「患者さんです」と言われて連れてこられた人がいる。その人は、ちょっと普通と違う考え方をしている。そのときに、カルテに記載するときに手持ちの精神医学用語を使ってしまいます。「妄想」(delusion)とか「保続」(perseverance)などといった精神医学用語で記述することになってしまう。

カルテに日常語を書くわけにはいきません。もちろん、あえて日常語で書く人もいますが、普通は、あくまで専門用語でカルテに書きます。そうやって精神医学用語ばかりが記された記録が出来上がり、それを精神科医の同僚たちが読みます。そうすれば、あれやこれやの症状を一通りそろえ

た、疑う余地のない「スラギッシュ統合失調症」の姿が浮かび上がってしまうのです。

　これは、社会主義の体制下だから起きてしまったというわけではなく、むしろ、どこの国でも起き得ることです。21世紀の自由主義の国でも起きています。20世紀のソビエト・ユニオンだけじゃない。フェブラリー、トゥーサウザンド・シックスティーン、サガミハラ、ジャパンで起きたのです。ちょっと普通と違う考え方をした若者を、精神科医が手持ちの精神医学用語で記述した。その結果、強制入院になりました。これは、旧ソビエト連邦と何ら変わるところのない、「逮捕状なき逮捕、裁判なき監禁」です。

　私は、あのとき緊急措置入院を決定した精神科医に同情を禁じえません。私だって、同じ立場だったら、「要措置」にマルをつけていた可能性はあります。当直中、真夜中にたたき起こされて、たった一人で、しかも、大急ぎで判断しなければいけません。情報も限られている。警察はいらだっている。本人だって、いつブチ切れるかわからない。こういう緊張感の中にあっては、カルテに**「気分高揚、多弁多動、誇大妄想的発言、睡眠欲求の減少、猜疑的傾向、思考障害を思わせる論理のほつれ」**などと記すかもしれません。そして、**「診断：妄想性障害」**あるいは**「診断：軽躁状態」**、こんな風に自分だってやってしまう可能性はあります。

　その結果、私だって「逮捕状なき逮捕、裁判なき監禁」にコミットしてしまいかねないというわけです。私は、精神科医になって30年になります。それでも診断を間違うことがあります。今でも毎日のように診断を間違っています。年々診断がうまくなっているというわけではありません。この30年は、診たて違いの連続だったといえます。

　平成28年2月19日の深夜に、一人で措置診察をやることになって、そのときにかぎっては奇跡的に正しい判断が下せて、「措置不要」に断固としてマルをつけられた…といえるかどうか、私には自信はありません。

● ルーマニアにおける事例

　日本の場合、これは精神科医の個人の資質の問題だけでは片づけられないように思います。資質や能力には当然個人差がある。でも、その程度のことは制度がカバーできるようでなければいけないはずです。
　日本は、**全体主義国家**ではない。だから、政府から強い圧力がかかっているわけではありません。むしろ、**精神科医の善意からの行動がかえって悪意なき逮捕監禁**に至ってしまっているのです。
　ついでに他の国のことも見てみましょう。
　まず、**ルーマニア**があります4-18)。ここには、**ニコラエ・チャウシェスク**という独裁者がいました。1989年に革命が起きて、夫人と一緒に銃殺されました。この国では、IAPUPによれば、チャウシェスク時代に数百人規模で強制入院させていたようです。ソビエトの場合と同じですが、共産党大会のような大きな行事があるときに、トラブルメーカーになりそうな人をバス何台分か捕まえて、そのまま病院送りにして、行事が終わったら、その場で放り出していたようです。人間の数を数えるのに、「バス何台分」という言い方をするのがなかなかすごいところです。まあ、トラックでないだけましかもしれません。
　チェコスロバキア、**ハンガリー**、**ブルガリア**などからも情報が上がってきていますが、これらはどちらかというと個人レベルです。システマティックなものではありません。
　ユーゴスラビアにもあったといわれていますが、はっきりしません。
　東ドイツに関しては、今のところ知られていません。なかったのかもしれません。
　東欧を離れて、中米に行けば、社会主義国家**キューバ**があります。ここでも精神医学濫用はあったようですが、短期間だったとされています。
　それから、西側の国にも精神医学濫用はあるようで、ヴァン・ヴォーレ

ンの祖国オランダからも報告が上がっています。ただ、ヴァン・ヴォーレンによれば、このケースでは政府による補償がすでになされているようです。

● ロビン・マンローによる中国情報

　アジアにも当然ありそうです。中国、北朝鮮など、人権についてはアブナイ国がたくさんあります。

　北朝鮮については、あまりにも謎に満ち溢れていて、精神医学業界では話題にすらなりません。

　中国に関しては、**人権問題**が深刻であることは、広く知られています。**アムネスティ・インターナショナル**によれば、**世界の死刑執行のうち、80％以上が中国**に集中しているとされます[4-19]。アムネスティが入手できた情報だけでも、年間1000人以上。それすら、氷山の一角だと思われ、実際にはその10倍ぐらいであろうと推定されています。人口が10億以上いることを考慮しても、年間1万人も死刑にしているとすれば、とんでもない話です。

　中国の精神医学の濫用については、今世紀に入って、IAPUP改めGIPがもっとも重大視しています。GIPが **Human Rights Watch** という別の人権団体と一緒に300ページにも及ぶ報告書を出しています。「**危険な精神：今日の中国の政治的精神医学およびその毛沢東時代の起源**」"DANGEROUS MINDS: Political Psychiatry in China Today and its Origins in the Mao Era"[4-20]と題するものです。この報告書によれば、中国の精神医学濫用は、1970年代、80年代のソビエトをはるかに上回るスケールである可能性が高い。対象となっているのは、法輪功の学習者、労働組合の活動家、人権活動家、公務員の不正を告発した人などです。

　中国の実態は、文字が読めないから、欧米人にはなかなか調べられない

でしょう。しかし、**ロビン・マンロー（Robin Munro）**というイギリス人の法学者・活動家の情報で明らかになりました。彼は、ロンドン大学の**アジア・アフリカ研究所**で博士号を修得していますので、ジャーナリストというよりは、むしろ、学者に近い存在のようです。2001年に論文を発表した当時は、アジア・アフリカ研究所の上級研究員でした。

マンローの最初の報告は、「**中国における司法精神医学とその政治的濫用**」"Judicial Psychiatry in China and Its Political Abuses"と題する論文で、これは「**コロンビア・アジア法雑誌**」"Columbia Journal of Asian Law"[4-21]に掲載されたものです。このジャーナルは、1987年に創刊された雑誌で、コロンビア大学で中国の法制度を研究しているグループが始めたものです。今は、中国だけでなく、韓国、ベトナムなどアジア周辺諸国もターゲットにしています。

私は、ちょっとこの原本は読めなかったのですが、**ウォール・ストリート・ジャーナル**のオンライン版にマンロー自身によるダイジェスト記事[4-22]があるので、こちらを読みました。中国には、公式には**1000万人前後の精神障害者**がいると言われていて、そのうち、**10－20％が社会に対して**「**高度に危険**」(serious danger)とされています。

この1000万人前後というのは、多いか、少ないか、やや微妙です。中国は10億以上の人口を抱えていますから、1000万人というのは多いとは言えないと思います。ただ、そのうちの**20％もの患者さんに「高度に危険」**というレッテルを張るのはどう考えても行き過ぎです。当然、「高度に危険」とはいえない患者さんも混じってくるはずです。

あるいは、「『高度に危険』とはいえない患者さん」というよりも、「患者さんとはいえない『高度に危険』な人たち」が混じってくる可能性もあります。政府にとって「高度に危険」ということです。政府が政治的な脅威とみなす人を、「高度に危険」のカテゴリーに押し込めているのです。中国共産党のことですから、何でもありでしょう。

強制入院は数千人単位で行われていると言われています。**政治犯や宗教**

活動家、反体制活動家、公務員の不正を告発した人、お役所の窓口でクレームを言いすぎた人、カルト的な宗教団体の人などです。強制的かつ不法に精神病院に入院させられています。しかし、それは精神病の患者とは言えません。

そもそも国連もWHOも、政治団体や宗教団体が平和的に活動している限り、それを危険な精神障害者とみなしてはならないと戒めています。

しかし、治療させられる精神科医も大変でしょう。治療といったって、無理です。存在しない病気を治しようがありません。

●法輪功ブームと臓器狩り

実は、中国の精神医学濫用は1980年代後半に少し収まる様子を見せていたのに、1990年代に入って再び上昇カーブを描き始めました。90年代後半になって**江沢民主席**が**法輪功**を弾圧するようになると、もはや誰の眼にも明らかなほどの急増となりました。

法輪功については、ある種の気功らしいのですが、どういうものだか、よくわかりません。気功というものだって、私どもにはピンときません。**中医学の経絡理論**と結びついているようです。色々調べてみましたが、健康体操と精神修養と宗教と哲学がごちゃまぜになったというか、そのどれでもないというか、まあ、そのようなものらしいのです。医学業界では、2016年に臨床腫瘍学雑誌（Journal of Clinical Oncology）に法輪功が余命12カ月未満といわれていた末期がん患者の余命を延ばしたという論文[4-23)]が掲載されて話題になったことはありました。

法輪功に関して、最大の謎は90年代から始まったムーブメントが、ちょっと信じられないような大流行に広がっていったことです。法輪功の何かが、中華人民たちをこんなにも引き付けたのでしょう。それが何かは、私にはわかりません。

法輪功は、メンバーのことを「信者」と言わないで、「学習者」とか「学員」というらしいのですが、江沢民によれば**7000万人**いるといいます。この数が本当かどうかわかりませんが、江沢民からすれば、人数が多いというだけで十分、脅威なのでしょう。

　大規模な虐待だけではなく、**臓器狩り**の対象になっているという情報もあります。**キルガー・マタス報告書 (Kilgour-Matas Report)** 4-24) というものです。**デビッド・キルガー（David Kilgour）** はカナダの国会議員、**デビット・マタス（David matas）** は弁護士です。2006年から2007年にかけての報告書です。法輪功学習者を殺して、臓器を摘出するということのようです。

● 臓器売買と移植医療

　臓器狩りとは、人間の体の一部を売買することです。1999年に商工ローンの日栄が強引な取り立てで問題になったときに、「腎臓売れ！　目ん玉売れ！」というセリフが有名になりましたが、もちろん、日本では臓器売買は禁じられています。どこの国でも違法行為ですが、アンダーグラウンドで行われているものには、確かに、腎臓と目ん玉が多い。目ん玉といっても角膜です。あとは、肝臓、肺、心臓などです。

　人身売買の歴史は、文明の歴史と同じ長さを持つわけで、日本だって『日本書紀』にすでに記述があるといわれています。臓器売買は新種の人身売買ですが、人間全体を丸ごと売買するのももちろんいけませんが、パーツを売買するのだって、大問題です。なにしろ、命の保障などないのですから。

　臓器売買は、移植医学が発達したがゆえの不幸です。この問題については、すでに**「強制臓器狩りに反対する医師の会」**（Doctors Against Forced Organ Harvesting, DAFOH）という非政府組織もできています。

人を捕まえて、場合によっては殺して、臓器だけ取り出して、それを売りつけるなんて、とんでもない商売ですが、こんなことは素人では無理です。外科医が関わらないとできないです。つまり、相当数の外科医が動員されているということでしょう。

　移植手術をする外科医も、「この臓器、臓器狩りで流れてきたものかもしれない」ということはわかっているかもしれません。このあたりは、もう同業者として想像することすらためらわれます。

　でも、体制が体制なら、医者は動員されてしまいます。人ごとではありません。太平洋戦争中は、日本の医者たちだって**731部隊**のようなことをやってしまったわけですから。専門知識を持っているからこそ、体制に利用されてしまうのです。

　その点は、措置入院だって同じです。体制が体制なら、弾圧の道具として使われてしまう。精神科医が「ノー」といえる可能性はないのです。なぜなら、**医者なんて行政から医師免許を取り上げられたらおしまい**なのですから。

　ともあれ、臓器狩り問題は、医学に対する信頼を損なう深刻な問題だと思います。DAFOHの主たるターゲットは、中国の臓器狩りの問題ですので、当然ながらそこには法輪功の犠牲者も含まれているはずです。

●安康医院隶属于公安机关

　ここで、精神医学問題に話を戻しましょう。中国には、刑法犯を犯した**触法精神障害者専用の病院**があります。国に20カ所ほどです。「**安康医院**」と呼ばれています。

　ちなみに「安康医院」は英語にはどう訳されているかというと、音をAnkangと英語的に表現して、その意味を「**ピース＆ヘルス**」"Peace and Health"として説明しています。

第四章　世界の精神医学濫用　｜　93

それで「安康医院」を『維基百科：自由的百科全書』で調べてみました。『維基百科』とは、ウィキペディアの中国版で、なるほどそれは確かに、「自由的な百科全書」です。

　安康医院は『自由的百科全書』によれば、「安康医院是中华人民共和国对精神病人进行强制医疗或加以监护的专门机构」4-25)とのこと。

　読み方はわかりませんが、意味は何となくわかります。「中華人民共和国で精神病の人に対して強制医療を行うところ」でしょう。「監护」は何のことだかわかりませんが、「监」は「監督」の「監」でしょう。「专门机构」は、おそらく「専門機構」と思われます。つまり、「治療したり監督したりする専門機関」のことだと思われます。

　次の記述が非常に重要です。「此类医院隶属于公安机关」とあります。この類の医院は「公安机关」に属しているようです。「公安机关」は「公安機関」のことでしょう。

　すなわち、「安康医院」は、**中華人民共和国公安部直属**の機関のようです。ここに政治犯たちが入院させられています。それも「重症かつ危険」というレッテルを貼られて、です。

　となると、ソビエトの場合と似ています。モスクワのスネズネフスキーたちは、ひそかにKGBの指導を受けていたらしいのですが、中国はもっと露骨です。**公安機関が自前で病院を持っている**のですから。公安当局直属の病院に進んでかかってみたいと思う患者はいないはずです。怖すぎます。

●ソビエト精神医学の中国への影響

　中国はソビエトの悪いところをまねた可能性があります。中国は政治体制としては、ソビエトを参考にしてきたところがあります。**中華人民共和国の建国は1949年**ですが、当時は**毛沢東**がソビエトをモデルに社会主義国家を建設すると明言していました。毛沢東は建国直後にモスクワまでお

しかけてスターリンと会って、1950年には**中ソ友好同盟相互援助条約**を締結しています。

おそらく、同時期に、それと並行して、ソビエトの精神医学が中国に流入したものと思われます。50年代のソビエトは、1951年の「合同研究会」以降、パブロフ主義を標榜するスネズネフスキーらのモスクワ学派が学会を統制してきます。その過程で、先にも述べた「スラギッシュ統合失調症」という概念も使われるようになって、政治的濫用も始まりました。

中ソが政治的に友好関係にあったのは、1950年代です。早くも、56年に**フルシチョフ**が**スターリン批判**を始めたころから、両国の雲行きが怪しくなって、60年には早くも**中ソ対立**が発生しています。

しかし、中華人民共和国精神医学が、50年代ソビエト精神医学の影響下に誕生したというのは、決定的でしょう。いいことだけでなく、悪いことも学んでしまったはずです。政治犯を捕まえて、司法精神医学者が出てきて、「統合失調症ゆえに責任無能力」と診断して、そこから保安省直轄の病院に送り込む。このあたりのプロセスは、ソビエトを明らかに模倣しています。そのころから精神医学というものは政治的弾圧に使えるということに、権力者たちは気づいていたのでしょう。

1966年からはいよいよ**文化大革命**が始まります。ここから先の10年は思想統制がもっとも激しく行われた時代です。心理学などは当然「反革命勢力」ですから弾圧されます。「正しい政治イデオロギーこそ心の健康」とされたのです。そのころ、上海で拘禁中に精神医学的診察を受けた人の5割から7割は、本質は政治的理由と言われています。

その後、76年に**毛沢東が死去**して、文革時代が終わります。2年間の華国鋒時代を経て、78年からは**鄧小平**が最高指導者となります。

鄧小平時代には、文革時代のような激しい弾圧は影を潜めましたが、むしろ、文革以前に行っていた、より低次元での**精神医学濫用**が行われるようになったとされています。ただ、政治犯が精神医学的診断をつけられて病院送りになることは、依然として続いていました。

90年代になると、**自由労働連合の活動家や宗教家なども強制入院**させられ始め、90年代末は法輪功が大規模な犠牲になりました。
　90年代は**江沢民時代**です。彼が最高指導者だったのは、1989年から2002年までです。江沢民は1992年に**社会主義市場経済を導入**して、一気に中国を自由主義へと方向転換させました。その一方で、核実験はやるし、汚職は蔓延するし、大気汚染はとんでもないことになるし、中国は激動の時代でした。精神医学の政治的濫用も、江沢民時代の後半から目立ってきたようです。

●具体的な濫用のケース

　マンローは具体的なケースも挙げています。何人かの有名なケースがあります。
　たとえば、**Xue Jifeng**という非公認組織の活動家です。彼の名をインターネットの中英辞典で引いてみたら、「薛季峰」という人名が出てきましたが、この漢字表記が正しいのかどうかわかりません。ローマ字つづりの"Xue Jifeng"については、かなりの情報が得られているので、英語圏では知られている存在のようです。彼の場合、他の活動家や独立系の自由貿易連合活動家らと会合を開いていたかどで拘束されて、1999年の12月から翌年の7月まで新郷（Xinxiang）の精神病院に入院させられています。そこでは一晩中他の患者によって睡眠を妨げられ、虐待されるなどしています。彼にとっては2回目の強制入院だったようです。
　それから**Cao Maobing**。このケースは、アムネスティ・インターナショナルもコメントしていますので、おそらくマンローと情報源を共有しているものと思われます。この人は江蘇省阜寧県の製絹工場に勤める労働運動活動家。ストライキを行い、工場長と対立する組合を作ろうとしたことを理由に、盐城第四病院に2001年に入院させられ、強制的な薬物療法と電

気ショック療法を受けたようです。ロビン・マンローによれば、その際、専門家により「妄想性精神病」（"paranoid psychosis"）との診断を受けたとされています。

　法輪功に関しては、膨大な数の法輪功学習者たちが警察の手で精神病院に強制入院させられたとされています。中国の国外に法輪功支持組織があるのですが、これによれば、彼らが把握しているだけで100例以上。実際には、**600人ほどが強制入院させられている**と推測しています。死亡事故も出ていて、3人が精神病院のなかで、不適切な治療によって死んでいると報告しています。

●新型弾圧としての精神医学濫用

　精神医学の濫用を国ごとに見てみますと、いろいろ考えさせられるものがあります。

　旧ソビエト、旧東欧諸国、中国、これらは、いずれも社会主義国です。ただ、**社会主義か市場経済かという問題だけではなさそう**です。中国では、江沢民が市場主義に急展開してから、かえって事例はふえています。

　それでは、何が精神医学の濫用をもたらすのでしょうか。

　当然のことですが、まずは、**精神医学というディシプリンが存在している**ことが前提です。アフリカや中南米や西アジアからそんなに精神医学濫用の情報が上がってこないのは、そもそも、これらの国に精神医学がまだ学として確立していないからでしょう。精神医学は医学全体のなかでは後発の分野ですし、国によっては精神科医が一人もいないようなところもあるはずです。

　ウガンダとかカンボジアで精神医学が濫用されていたといった情報は、今のところあがってきていません。イディ・アミンもポル・ポトもとんでもない独裁者でしたが、彼らは精神医学なんか利用しませんでした。

第四章　世界の精神医学濫用

アミンもポル・ポトもそうでしょうが、**精神医学がないところでは、もっと露骨な弾圧法を採る**でしょう。大量に虐殺したり、大量に拘禁して、重労働を課したり、そういった古典的な方法に出ると思います。ソビエトだって、昔はシベリア送りにしていたわけです。

　おそらく、北朝鮮などは今でもその方法でしょう。現時点で、北朝鮮で精神医学が社会統制に使用されているとの情報はありません[4-26]。精神医学を政治的に濫用するまでもないわけです。

　これはロビン・マンローの意見であり、私もある程度同意するのですが、精神医学を使う方法は、**反体制派弾圧としては新型の洗練された方法**なのです。**ソビエトではスターリン時代のあとに、中国では文革の後に**、精神医学濫用が行われています。いずれも、政敵を大規模に粛清するようなことを行った直後です。これは、何を意味するかというと、ソビエトや中国のような国では、過去の行き過ぎた粛清に対する反省もあったのだと思います。

　スターリン批判を行ったフルシチョフは、それなりに恐怖支配を終わらせたいという思いがあっただろうし、鄧小平だって文革時代は失脚させられていたわけで、あんなひどいのはやりたくないという思いはあったでしょう。

　それと、単純に刑務所に突っ込んでおくだけだと、かえって支援者たちが活気づいてしまいます。**南アフリカのネルソン・マンデラ**は27年間も刑務所に入っていて、その間にカリスマ性が高まって、解放運動の象徴的な存在になりました。**ミャンマーのアウンサンスーチー**さんも、拘禁されたり、軟禁されたりを繰り返しているうちに、民主化のヒロインになっていきました。だから、塀のなかに閉じ込めておくだけだと、かえって塀の外の連中が英雄視する。権力側としては、こういう事態はできれば避けたいわけです。

　それにひきかえ、病院に入院させてしまえば、そうはならないでしょう。「気が変になったらしい」ときたら、誰もそんな人間を担いだりはしないだ

ろうといった、そんな思惑もあったのかもしれません。

　つまり、病院に送る側としては、精神障害にスティグマがついているということは百も承知です。むしろ、それを利用しているのです。

●精神医学の濫用をどう食い止めるか

　では、これからどうすればいいのでしょうか。精神科医の国際世論をどう作り、どう中国に伝え、どうプレッシャーをかけていくか。

　方法は、ソビエトのときと同じでいいでしょう。ソビエトのときは、西側諸国の**精神医学会**と**国際人権団体**とが共同でソビエト批判のキャンペーンをはりました。それで、ソビエトは6年間ほど、世界精神医学協会から撤退せざるを得なくなりました。国際世論の圧力にソビエトは屈したのです。そして、その間に西側の精神医学会から派遣団がソビエトの司法精神医学施設の見学を行ったり、精神障害として入院させられている実際には政治的、宗教的、民族的理由によって拘禁された人々との面会を行ったりしています。こうして、6年後にソビエト精神医学連合は、ようやく協会に復帰しました。

　中国に対してもそうなるでしょう。安康医院とその系列の医療機関が人権侵害の温床となっていることは間違いありません。まずは、ここに国際機関が査察団を継続的に送り込まないといけないでしょう。世界精神医学協会とか、その支部に相当する各国の精神医学協会が協力して、安康病院の実態をモニタリングするべきだと思います。

　とはいえ、中国保安当局直轄の病院だから、なかなか難しいものがあります。実際、2002年に世界精神医学協会が安康医院に国際調査団を派遣しようとして、中国政府に断られています。

　中国の精神医学会は世界精神医学協会に一応加盟しています。世界精神医学協会には、100を超える国の、15万人の精神科医が加盟しています。

中国精神医学会 (The Chinese Society of Psychiatrists) もそのひとつです。世界精神医学協会のメンバーであるということは、1996年の**マドリッド宣言**に従う義務があります。このマドリッド宣言に、精神医学診断に政治的判断を紛れ込ませることを禁じるとされているのです。

●中国の精神衛生法2012

　中国としても、いつまでも国際的な批判に知らぬ存ぜぬを通すわけにもいきません。それで、**2012年に中華人民共和国初の精神衛生法**が作られ、翌年から施行開始されています。
　この法律については、『**上海精神医学**』Shanghai Archives of Psychiatry [4-27] に英訳が掲載されていますし、日本語訳も国立精神・神経医療研究センター精神保健研究所の趙香花と、東京大学大学院徐暁紅によって行われています。国立精神・神経医療研究センター精神保健研究所 精神保健計画研究部「改革ビジョン研究ホームページ」事務局のホームページにて参照可能です。この法によって、中国としては初めて、精神科の治療は原則として患者自身の意思に基づいて行われるべきだと規定されました。逆にいえば、これまでは強制治療が当たり前だったのです。
　そもそも心を病んだ場合、中国では医者にかからずに家族が面倒をみることが普通でした。医者に診せる場合は家族が病院に連れていきます。まして、入院させるかどうかとなれば、もっぱら家族の決定権に属することと考えられていました。だから、中国のそれまでのスタンダードからすれば、自発的な治療が原則であるとか、自発的な入院が原則であるということが、法律上明記されただけでも画期的なわけです。
　実際には精神科医療には強制治療も必要です。日本の精神科病院だって、医療保護入院という強制入院を受け入れています。問題は、そういった強制治療において、人権保護がどの程度保障されているかでしょう。

一応、2012年の精神衛生法によって、法的には規定されました。**「精神科執業医師」**が**「重度精神障害」**と認めた場合と、**自傷他害**のリスクがある場合は、強制入院が可能とされています。「执业」とは、「執業」ということです。
　「精神科執業医師」とは、どの程度のフォーマルな資格なのかは、よくわかりません。自傷他害の範囲が問題になりそうですが、このあたりは日本の措置入院と同じでしょう。
　自傷のリスクはあるが、他害のリスクはない場合は、その患者さんの**「监护人」**の承認が必須となっています。「监护人」は、日本の漢字では「監護人」ですが、この「监护人」が法的にどのような位置づけなのかはよくわかりません。
　問題は自傷ではなく、他害の方でしょう。他害のリスクがある場合、「监护人」の承認は不要とされています。改訂刑法に従って裁判所が決定する司法症例が少数ありますが、それを除けば多くの強制入院については、裁判所の指示を受けません。また、強制入院の期間は無期限であり、また、再評価のための期間も特段定められていません。
　この辺りは、日本の措置入院と似ているといえます。予防拘禁の目的で濫用されやすい制度です。なぜなら、裁判所のモニターがないということと、拘禁機関が無期限だということ、この二点ゆえです。濫用されるリスクは大きいといっていいでしょう。
　この法律は、精神科病院への入院を懲罰目的で行ったり、精神障害がない人に対して治療を強制したりすることを違法であると明記しています。ただ、「重度精神障害」の定義も、「自傷他害のおそれ」もあいまいですから、拡大解釈されて、強制入院が恣意的に行われる可能性はあるといえます。

●中国精神衛生法の評価

　諸外国の反応は芳しくありません。**マイケル・フィリップス（Michael**

R. Phillips）ら 4-28) は、「この法律で、中国の『精神医学濫用』に対する最高度に激しい批判が収まるだろうか。たぶん、そうはならないだろう」と冷めたコメントを残しています。

フィリップスはエモリー大学医学部の精神医学行動学教授で、上海交通大学の教授も兼ねている人です。上海交通大学は、中国の理系の名門大学で、マサチューセッツ工科大学とか東京工業大学の中国版だと思えばいいでしょう。

この人は、カナダ人ですが、中国の永住権を持っています。WHOの中国精神保健問題アドバイザーを務めていて、査察のコーディネイトなどを長年やっている人です。「この法律ができたおかげで、不適切な強制入院や精神障害者の人権の問題に光が当てられ、少し議論を進めることができるだろう」と、一定の評価も与えています。

今後、中国の精神衛生法が実際にどう運用されていくのでしょうか。そのあたりをチェックする際、ポイントは**強制入院の実態について独立した機関が査定するシステムが機能しているのか**にあるでしょう。

法三十二条によれば、入院に関する異議申し立てが行われた場合、「**鑑定机構**」つまり「**鑑定機関**」が二名の医師によって共同鑑定を行うとされています。でも、ここで、その「鑑定机構」とやらが、どの程度、行政と独立しているのかが問われるでしょう。

もっとも、この点は、日本も中国を批判する資格はありません。日本の場合、強制入院に関する異議申し立てを受けるのは**精神医療審査会**ですが、これだって**イングランドのメンタル・ヘルス・トリビューナル**ほどには強い法的権限を与えられていません。イングランドのメンタル・ヘルス・トリビューナルは、法律家を座長にした審査会で、医療機関に対して命令を出せる権限があります。しかも、2008年からは二審制になっています。イングランドのものは、日本の精神医療審査会と名称こそ似ていますが、非なるものと考えるべきでしょう。

●中国では、三権分立が確立していない

　中国の「鑑定機構」にしても、日本の精神医療審査会にしても、行政と独立して司法権限を行使できるような強い機関ではありません。中国の場合、「精神科執業医師」から「鑑定機構」への手続きを、行政が官僚主義的に複雑化させれば、いかようにも鑑定延期、審査延期が可能となってしまいます。

　そもそも、中国は日本と違って、**三権分立**が確立してはいないともいわれています。立法は全国人民代表大会、いわゆる全人代、行政は国務院、司法は人民法院。でも、憲法上、この三者の上に位置するのが中国共産党です。いくら制度を細かく作っても、権力を分立するシステムができていなければ、法が効力を発揮しません。

　中国精神衛生法の第八十条では、「精神障害の診断、治療、鑑定過程で、問題を惹き起こし、関連職員の本法の規定に基づく職務の履行を妨害し、医療機関、鑑定機関の職務秩序を乱した場合、法律に基づいて治安管理処罰を科す」となっていますから、精神科医の方が行政機関に恫喝されている立場です。行政にも、共産党にも、つねに顔色を窺うように、おそるおそる接していなければなりません。人民法院だって、彼らをサポートしてくれるとはかぎりません。

　2008年4月16日に中国新聞社が伝えたところによると、**呉邦国全人代委員長**が中国共産党の機関紙に、「**中国は西側諸国のような三権分立は導入しない**」と語ったとのことです。立法府のトップがこの発言ですから、驚きです。

　我々のような一応近代法制度を整えた国からすれば、「中国は法治国家なんかにはならない」と断固として主張しているように見えます。

第五章
反体制運動の延長としての保安処分反対闘争

● 措置入院とは「ブレーキのない車」

　さて、旧ソビエト、ロシア、ウクライナ、ルーマニア、中国と、世界を旅して、精神医学濫用の実情をレビューしてきたわけですが、そろそろ出発地のサガミハラ、ジャパンに帰りましょう。相模原を論じる前におさらいしておきましょう。

　精神医学を治安目的に濫用すると対象者の人権上重大な問題が発生します。その点は、諸外国の場合もそうだし、相模原事件の場合もそうです。**措置入院は本来、治療を目的とした制度**でしたから、犯罪防止目的に使用することを想定して設計されていません。具体的にいえば、**裁判所のチェック**がありません。だから、「他害のおそれ」で入院させるとすれば、それは**「逮捕状なき逮捕」**となります。しかも、「法の番人」がブレーキをかけることがありません。**「裁判なき拘禁」**です。

　こんなにも危ない制度だから、ここに民意が**「危険な患者を退院させるな」**という大合唱を始めてしまえば、もうダメです。行政当局としては、社会防衛のアクセルをガンガンふかしてきます。ブレーキをかけてくれるはずの裁判所もいません。

　こうして、措置入院というブレーキのない車が、予防拘禁というアクセルを踏み込んだまま暴走することになります。すなわち、措置入院は、**「裁判なき無期拘禁」**となるのです。

しかも、恐ろしいことに、それを行っている精神科医たちは「治療のためだ」と信じています。監督機関たる行政も、「お医者さんが言うんだから間違いない」というような態度をとる。濫用を正当化するためのおためごかしのフレーズが、精神科医にも、行政にも、用意されているわけです。本当は「危険だから拘禁」しているにすぎません。でもそれが**「何よりも患者の治療のために」というようなヒューマニズムの衣装**をまとってくるのです。

措置入院とは、それが「他害のおそれ」に対して使われる場合は、第一の**目的は社会防衛**です。第二が患者の治療です。第二の要素がゼロということはないはずですが、少なくとも、地域社会が措置入院に求めていることは、第二ではなく、第一です。早い話が、「アブナイ人は精神科の先生に預かってもらわないと…」ということです。

それなのに「あなたのため」といって患者をだまし、「障害者の治療のため」といって社会をもだますわけです。こんな欺瞞だらけの制度はないです。

精神医学をそういう目的で使ってはいけない。それでは、どうすればいいでしょうか。

何よりも、刑事司法機関に責任を取らせることです。

第一に警察です。治安維持の仕事はあくまで警察。**事件防止は刑事政策の課題であって、健康政策の課題ではありません。**措置入院という制度に事件防止の責任を課してはなりません。

ところが、ここで治安維持のために警察を入れるとなると、それはそれで国家による人権の弾圧だという反論もあり得るでしょう。

でも、実際は、むしろ、だからこそ、刑事政策の問題としてとらえなければならないのです。ここのポイントは、非常に重要なので、強調しておきましょう。

刑事政策として警察を関与させる場合は、**アクセルとしての警察**に、つねに必ず**ブレーキとしての裁判所**が伴ってきます。**警察官職務執行法**が典型です。警察の権限は、**「警察比例の原則」**、つまり、対象となる社会公共

第五章　反体制運動の延長としての保安処分反対闘争　105

への障害に比例して行使されなければならないとされています。しかも、その権限行使の状況を、**警察から独立した裁判所がモニター**しています。法の制度設計のなかに、警察が暴走しない仕組みができているのです。セーフガードを作ったうえで、警察に介入させることが可能なのです。

つまり、**基本的人権を制限するのなら、なおのこと、法が濫用されないように監視役をつけなければいけません**。警察を動かす場合、そこに必ず監査機構としての裁判所が付きます。ところが、措置入院にはそれがないのです。だからこそ、行政が精神科病院と手を結んでアクセルをふかせば、もはや誰もブレーキをかける人がいないですから、権力は必ず暴走します。

よく、「警察の介入は危険だ」とか、「国家権力による弾圧だ」などと、から騒ぎする人がいますけれど、国家権力の暴走が不安なら、なおのこと、**措置入院のような中途半端な制度に予防拘禁をやらせてはいけません**。警察と裁判所をペアで関わらせるべきです。措置入院には、裁判所のブレーキがないわけで、危険極まりないのです。

● 治安の維持は国家の最低限の仕事

治安の維持は、たとえ国家の機能を最小化したとしても、最後まで残る大切な仕事です。国家論の伝統のなかに**夜警国家**という考え方があって、19世紀のドイツの政治学者**フェルディナント・ラッサール**の言葉とされています。彼は、**社会政策のない自由放任主義を非難**する文脈でこの言葉を使いました。つまり、夜警国家にあっては、国家はたかだか治安と防衛以外何もしないではないか、という非難です。逆に言えば、**最小限の国家ですら、治安と防衛は役割として残している**ことになります。

ですから、犯罪対策の制度を作ろうとすると、すぐ「国家権力による弾圧だ」とナントカの一つ覚えのように騒ぐ人がいます。でも、**治安の維持は国家の最低限の仕事**です。普通の国民なら、「税金をあれだけ集めている

のだから、治安ぐらいやってほしい」と思うはずです。

　それと、刑事政策において、何らかの**制度を作る理由は、まさに国家権力を暴走させないため**なのです。国家権力をして、個人に対して過度の抑制をかけさせないこと、そのためにこそ、制度を作らなければなりません。ここで必要なのは、**権力を暴走させず、しかし、治安維持の責任は取らせる**ということです。この二つの目的を達成するためにこそ法制度を整備しなければなりません。

　刑事訴訟法の第一条に「公共の福祉の維持と個人の基本的人権の保障とを全うしつつ、事案の真相を明らかにし、刑罰法令を適正且つ迅速に適用実現することを目的とする」とあります。**人権の保障を全うしつつ、治安を維持することこそ、刑事政策の課題**のはずです。

　そのためには、二つ必要です。**地域社会の安全を確保するための警察、対象者の人権を擁護するための裁判所**、このどちらが欠けても目的は達しません。警察なくして、治安は維持できません。裁判所なくして、人権は守れません。

●国民は障害者の殺人事件を歓迎しない

　そもそも警察の最小限の介入すら否定して、あらゆる支配も権力もない世界を夢想するのならば、もはや**アナキズム、無政府主義**ということになります。

　ただ、相模原事件のように19人も惨殺された事実を前にして、アナキズムを主張するとはいったいどういうことでしょうか。もはや、**「万人の万人に対する戦い」**です。ホッブズの『リヴァイアサン』の世界です。

　「国家権力、断固反対！」と叫ぶのは結構なことですが、しかし、忘れてはならないことは、国家権力の主体は政府ではなく、国民だということ。この国の主権者はあくまで国民です。官僚だって、政治家だって、国民の

負託を受けて職務を執り行っているにすぎません。その国民は、相模原事件のようなことは二度と起きてほしくないと願っているはずです。国民の誰一人として、大量殺人が始終起きるような社会を望んではいないはずです。

それは、加害者が精神障害者であろうが、そうでなかろうが同じことです。相模原事件では、被害者こそが障害者であって、加害者は障害者かどうかわかりません。しかし、加害者も一度は精神障害者として措置入院した人です。この精神障害の疑いのある人が、「障害者を殺す」と予告したわけです。精神科医は精神障害者の逸脱行動に対して寛大ですが、殺人に対してすら寛大なわけではありません。

ここは大切なところだから、強調しておきましょう。精神科医は精神障害者の犯罪にまで寛容ではないし、寛容であってはいけないはずです。**いわゆる人権派**の精神科医や弁護士たちの言動を見て、多くの人たちは疑問に感じることでしょう。それは、この人たちが**精神障害者の犯罪を応援している**ように見える点です。

●萩原朔太郎の「医者の正義」

実際、かつて**小田晋**は人権派を批判していました。「暴走族友の会」とか「社会解体促進同盟」などの言い方でからかっていました。しかし、一部の人権過激派以外は、「精神障害者さん、あなたは人を殺したいのですね。では、どうぞご自由に」など、そこまで寛大ではないはずです。

それに、この問題は精神障害者だけではなくて、テロリストなどの組織犯罪の予防にも関わってきます。「爆弾テロだろうが、バイオテロだろうが、サリンだろうが、ハイジャックだろうが、どうぞご自由に」とはいきません。明らかに犯罪のリスクのある人に対して、たとえ最小限の夜警国家であっても対応してほしいと思うのが、一市民の本音でしょう。

一方で、精神科医という存在は、治療者としてはまったくの**「性善説」信奉者**です。だから、人間というものは、放っておけば殺し合いを始める危険な存在であるという可能性を考慮に入れていません。**職業柄、お人好しな性格になってしまっています**。だから、**精神科医に治安維持の片棒を担がせようとしても無理**です。とてもではないが、治安維持なんかできません。「世の中には悪い人はいない」「心病む人に悪い人はいない」というのが、精神科医の考え方です。
　このことで思い出すのが、萩原朔太郎の皮肉です。彼は、こんなことを言っています。

　　医術によってみれば、悪は刑罰すべきものでなくして、病院の寝台と看護とから、手厚く治療すべき病気であり、精神機能の欠陥にすぎないのである。彼らの正義は、(中略)、社会的に有害である犯罪変質者の類ですら、すべて病人としてこれを看護し、親切な治療に勉めて居る。(萩原朔太郎　『虚妄の正義』)

　この言葉はまことに寸鉄人を刺すものがあるのですが、精神科医というものの思考パターンを的確についています。精神科医というものは、まことに親切で、善意の塊で、善意を散水車のように、あちらこちらに無節操に振りまいていきます。親切をたれ流せば、その結果はどうなるかということには、まったく関心がありません。そもそも、精神医学には、「悪」という概念がありません。お人好しになってしまって当然です。
　だから、治安を守るのは無理です。お人好しの精神科医にはもう退場してもらって、ガタイのいいお巡りさん、目つきの鋭い刑事さんにご登壇ねがうべきでしょう。ここから先は、**精神科医の役割ではなく、刑事政策の役割**でしょう。
　刑事政策は、人は殺しあうことがあり得るという前提で考えていきます。**実際、殺人や強姦や放火があるからこそ、刑事政策が必要とされる**わけで

す。「人は殺しあうことがあり得る」となれば、「万人の万人に対する戦い」という最悪の事態を避けるために、人は自分の権利の一部を諦めて、コモンウェルス、つまり公共の利益のために譲り渡す。ここに国家の起源があるとするのが、ホッブズの主張です。

そして、「その役割は刑事司法機関にお願いします。私たち精神科医に押し付けないでくださいね」、それがここまで議論してきたことでした。

「精神医学は濫用されてはならない。対象者の人権を守らなければならない」ことは確かです。この点は大切です。

でも、**「精神障害者は人を殺しても許される」ということはありません。**「他害のおそれがある精神障害者がいたとしても、国民全体で広い心をもって接してあげましょう」とは、国民の誰も思いません。国民は、**「障害者との共生」**については理解しようと努めますが、**「障害者の他害事件」**については、理解しようと努めないと思います。「それもまた温かくわかってあげましょう」とは絶対に思いません。**国民は障害者が殺人を犯すことを歓迎していません。**人を殺すかもしれない障害者と仲良く共生したいとは思っていません。率直に言って、危険な患者に町を歩いてほしくないと思います。

●善良な障害者 ≠ 危険な障害者

精神科医は、自然な市民感覚を非難する資格はないはずです。「人を殺さざるを得ない患者の気持ちにだって、国民は皆、寄り添うべきだ」、そこまでのことを国民全体に要求するのは行き過ぎです。

ただ、忘れてはいけないことは、**精神障害者の圧倒的多数は、善良な市民**だということです。そのなかでごく少数、危険な障害者もいます。善良な市民とそうでない人は区別しなければいけません。それは、障害者であろうが、健常者であろうが同じです。

正義とは何か。正義とは公平ということです。**正義の原則は、「等しきものは等しく、等しからざるものは等しからざるように」**です。等しくないものを等しく扱ってはなりません。**善良な市民患者と危険をはらむ患者とは、等しく扱ってはいけません。**

それは、善良な市民患者を差別することにつながります。それこそが、障害者差別そのものです。健常者なら、当然のように善良な市民と、危険な市民とは区別されると皆、思うでしょう。障害者も同じです。

ここは、**2×2のマトリックス**をイメージしたらいいかもしれません。まず、X軸に健常者と障害者とを分ける線を引く。次にY軸に、善良な人と危険をはらむ人とを分ける線を引く。そうすると、**「善良な健常者」「危険な健常者」「善良な障害者」「危険な障害者」**の4群が出来上がります。こう考えれば、「善良な健常者」と「危険な健常者」とを等しく扱うことが正義にもとるように、「善良な障害者」と「危険な障害者」とを等しく扱うこともまた、正義にもとることになります。

●辛坊治郎の障害者差別批判

ジャーナリストの辛坊治郎が、『集英社新書WEBコラム』というサイトで、**「保安処分と措置入院」**[5-1]という文章を書いています。インターネットで全文読めます。

辛坊は、「凶悪な犯罪にかかわった極々一部の精神障害者と、それ以外の無辜の精神障害者が、全く同じ法律で扱われている」のはおかしいではないかというのです。つまり、**「凶悪事件を起こす精神障害者と、そうでない精神障害者を同一視している」**わけで、これは、差別以外のなにものでもない。**「犯罪と無縁な精神障害者に対する差別と偏見の温床となっている」**というのです。

「この議論は過去30年間、『精神障害者を閉じ込めろ！』という短絡的発

第五章　反体制運動の延長としての保安処分反対闘争

想と、『保安処分は中身にかかわらず絶対反対』というイデオロギーに偏した発想が攻めぎあう場となってきた。『冷静な議論』という名の先送りは、もはや許されない。**今こそ、『問題先送り』という意味ではない、本当に『冷静な』議論を望みたい**」と述べています。相模原事件が起きた今こそ、問題を先送りせずに冷静に議論すべきでしょう。

　でも、精神科医には、この「善良な障害者」と「危険な障害者」とを等しからざるように扱うことが、これまではとても苦手でした。半世紀前、精神科医たちは、「**どんな理由があろうとも精神障害者を国家権力によって拘禁することは許しがたい**」と主張しました。これは、「善良な障害者」については、まったくその通りだと思います。でも、「危険な障害者」については、どうでしょうか。とてもじゃないが、精神科医の手には余ります。ここは夜警国家の手にゆだねるべきだったのではないでしょうか。

　おそらく当時の精神科医たちは、「**危険な障害者は存在しない**」という前提で、「どんな理由があろうとも精神障害者を国家権力によって拘禁することは許しがたい」と主張したのでしょう。精神科医たちの性善説が行き過ぎたといえます。

●保安処分反対イデオロギーと措置入院

　これが「保安処分反対論」というものです。**保安処分反対イデオロギー**です。1960年代後半に一気に盛り上がり、その後、半世紀も精神医学を席巻しました[5-2]。今日でも、なお依然として精神医学界の公式見解ということになっています。

　でも、このイデオロギーを主張した若手精神科医たちは、措置入院についてはとても甘く考えていました。「それは、国家権力が精神障害者を予防拘禁しちゃいけないよ。でも、**俺たちが『治療目的』で予防拘禁するのは全然OKだぜ。何しろ患者のためを思えばこそだ**」、そういって、正当化し

たのです。

　この「患者のため」「治療のため」というのが、いわゆる**「パレンス・パトリエ」**というものです。**「国親思想」**ともいいます。要は、国家が障害者に対して、**いたいけな幼児を保護する慈父の役割**を果たしましょうというものです。

　でも、相模原事件が起きた。国民は騒ぎ始めた。塩崎恭久厚生労働大臣が雷を落として「措置入院を検証せよ」と言いました。いわば、国家が精神科医に対して、**行儀の悪い少年を叱責する厳父の役割**を果たしました。

　そして、検証チームは、大臣のお望み通り、簡単には退院できない仕組みを作りました。退院に先立って、やれ支援計画だの、調整会議だののややこしい手続きを提案しました。その結果、とてつもなく高いハードルができて、簡単には措置解除できない仕組みが提案されてしまいました。検証チームは国民の批判の矛先をかわし、大臣の怒りを鎮めようとしたのです。

　その結果、**措置入院は完全に保安処分化**してしまいました。この事実に対して、**保安処分に反対した精神科医たちは、**たいして反論しませんでした。かつて、「鉄格子を破壊せよ！」とか「保安処分を弾劾せん！」とか「帝国主義国家権力と対峙する！」とか言って、勇ましく演説をしていた精神科医たちのなかで、今回の相模原事件で**保安処分化した措置入院制度自体の問題を指摘する人はいなかった**のです。

　おそらくは、事態の意味を理解していなかったのかもしれません。**検証チームの提案を「措置入院の保安処分化だ」と言い始めたのは、**世代的に遠く離れた私であり、私がそれを言い始めて、他の精神科医たちもざわめき始めたというのが実情です。

●保安処分に反対したから、措置入院が保安処分化した

　そもそも保安処分反対論者は、**措置入院が予防拘禁制度**だということに

気づいていません。気づいていても、目を背けたいのかもしれません。でも、「他害の恐れ」ゆえに拘禁するのが、予防拘禁でなくてなんなのでしょうか。この事実に、目を背けずに向き合わなければいけません。保安処分反対派たちは、**措置入院という制度を、それが保安目的に濫用されるリスクがある**ことにうかつにも気づかずに残してしまいました。でも、刑事政策のなかに制度としての保安処分はない。当然、「他害の恐れ」のある人物の将来の危険に関しては、法の抜け穴が発生してしまいます。となると、それを塞ぐためにどうするか。「精神保健福祉法があるじゃないか。措置入院制度があるだろう。『他害の恐れゆえに入院』ってやつだ。あれを使おう。精神科医を丸め込めばやってくれるだろう」となってしまうのです。

すなわち、**保安処分に反対した結果、措置入院が保安処分になった**というわけです。保安処分反対論者の「パレンス・パトリエ」と称する甘い、甘い、ナイーブな自己陶酔が、結果として、**ひいきの引き倒し**に終わってしまったのです。

それどころか、もはや措置入院が「裁判なき無期限拘禁」のツールになってしまいました。反対派たちが制度としての**保安処分に反対した**結果、**措置入院がさらに悪質な保安処分**になってしまいました。この事実を保安処分反対論者たちは直視すべきだと思います。

保安処分に反対するならば、当然、措置入院にも反対でなければ筋が通りません。これまで法務省が提案してきた保安処分は、あくまで裁判所をつけて、適正手続きにのっとった正規の法制度でした。

一方で、措置入院は、法の使い方としては脱法的なものにすぎません。警察官職務執行法第三条と精神保健福祉法第二十九条という二つの法制度を直列につないで、保安目的の拘禁を行います。結果として、実質上、「逮捕状なき逮捕、裁判なき無期拘禁」という、適正手続きによってはありえない人権侵害を、合法的に実現できてしまうのが措置入院制度です。合法的な身柄拘束を複数組み合わせることで、非合法行為と同じ結果を実現しようとするものであり、まさに脱法保安処分と呼ぶにふさわしいといえる

でしょう。

　適正手続きに則った保安処分に反対しておきながら、脱法保安処分には反対しないなど、まったく筋が通りません。**保安処分以上の厳しい批判を措置入院に対しても向けなければなりません。**

　でも、そもそも、**保安処分反対論者のなかで保安処分を正確に理解した上で反対していた人はいません**でした。「何だかよくわからないけど、とにかく国家権力には反対！」というようなノリで反対していました。だから、**措置入院が裁判なき予防拘禁であり、最悪の保安処分だ**ということに気づかなかったのでしょう。措置入院批判の声を上げないのは、まあ当然といえば当然です。

●保安処分反対論による措置入院批判

　それにしても、私自身の立ち位置はどこにあるのでしょうか。私は、保安処分反対論者なのか、賛成論者なのか。これはよく聞かれる質問です。実際、私の語り口は、保安処分反対論者とそっくりだからです。

　それもそのはずです。かつて保安処分反対論者が保安処分を批判したのと同じ論理で、保安処分としての措置入院を批判しているのですから。私は、保安処分反対論もそれなりに研究しています。保安処分反対論なくして、私の措置入院制度批判はありえません。

　しかし、私は、保安処分反対論者ではありません。そもそも、私は、個人的に保安処分反対を叫んだことは一度もありません。私が批判しているのは、措置入院を保安処分として使用することであって、保安処分それ自体ではありません。

　私はある一定の条件を付けて、つまり、**裁判所が関わるという条件をつけて、予防的刑事制度を作る必要がある**ように思っています。つまり、**最小限の必要悪としての刑事処分**をいたしかたないものとして認めるべきだ

第五章　反体制運動の延長としての保安処分反対闘争　115

という立場です。最小限の予防的措置を、**裁判所のモニタリングの下で**可能とする制度を作ること。それをしないと、いつまでたっても措置入院が刑事制度の代わりをやらされます。こう考える点が、保安処分反対イデオロギーとの決定的な違いです。

　私が措置入院を批判するのは、それが裁判所の関わらない保安処分だからです。**精神科医がろくに事実認定もせず、裁判所の許可も得ず、弁護士もつけない状態で、自らの胸三寸で勝手に保安処分をやっている**わけです。これはいただけません。

●保安処分反対論者が脱法保安処分を行っている

　保安処分反対論者は言うこととすることが矛盾に満ちています。

　保安処分反対論者のなかには、現役バリバリの精神病院院長がいます。この人は、長年にわたって保安処分反対イデオロギーの中心にいた人です。いかなる修正案も裏切りととらえる人で、修正主義者を糾弾の対象として、糾弾の先頭に立つことで実権を握ってきた人です[5-3]。

　でも、この人、自分が院長を務める東京都下の病院で年間何十件も措置入院を引き受けています。措置入院の主体は行政です。国家権力そのものです。だから、措置入院に関わるとは、自身も国家権力の一翼を担うということです。

　でも、この院長を含め、保安処分反対論者の精神科医たちは、その事実に無自覚です。それで、保安処分反対を叫びながら、措置入院させている。自分だって国家の一員として予防拘禁を実施しているのに、そのさなかに「保安処分反対！」と叫んで、「国家権力と対峙する！」と勇ましく演説しているのです。こんなおかしな話はありません。

　そもそも保安処分反対論が出てきたとき、**刑罰は過去の犯罪に対して決定されるが、保安処分は未来にあり得る危険に対して**決定される。でも、

将来の危険なんて予測できないではないかという議論があったはずです。保安処分反対イデオロギーの主張者たちは、「予測できない」と言い続けています。

そう言いながら、**措置入院のときは、現に「他害の恐れあり」と判断して予防拘禁を実施**しています。「そりゃあ、国家権力は精神障害者の将来の危険なんて予想できっこないよ。でも、俺たち精神科医なら正確に予想できるぜ。だから、措置入院で俺たちが予想するのは、全然OKだぜ。何しろ『治療目的』だからな」、でも、こんな身勝手な理屈は通用しないでしょう。

すなわち彼らは、「自分たちは常に正しく、国家は常に間違っている」という単純にして明快な信念に凝り固まっています。そして、根拠なき自信と、訂正不能の確信をもって、「自分たちのすることは保安処分ではない！国家のすることはすべて保安処分である！」と叫び、悦に入っているわけです。

●保安処分反対イデオロギーの自家撞着

保安処分反対イデオロギーの主張者たちは、言行不一致、自家撞着の極致と言えます。措置入院には批判の矛先を向けず、それどころか自ら進んで措置入院を執り行っているのです。

自家撞着は、主として二点です。

第一に、保安処分に反対した時は、危険の予想はできないと言っておきながら、**措置入院の際は、堂々と「他害の恐れあり」という判断を下している**ということ。

第二に、保安処分に反対した時は、「国家権力による障害者の弾圧に抗議する！」と言っていたくせに、**自分が病院長として措置入院させる際には**、行政処分に関わるわけだから、**自身も国家権力の一翼を担って予防拘禁の権力を行使している**。

この二点の矛盾に気づかないで、「保安処分反対！」「予防拘禁反対！」「国家権力の弾圧に反対！」と叫んでいる点です。
　私は彼らに言いたいです。
　「保安処分やっているのはあなたでしょう。予防拘禁やっているのもあなたでしょう。国家権力とは、ほかならぬあなたのことでしょう」
　しかも、措置入院の場合は、正式の保安処分よりもっと危険です。司法権の管轄外にあるのです。精神科医が司法の手の届かないところで、白昼堂々、逮捕・監禁を行っているというわけです。

●保安処分反対集会へも時々出かけた

　私が保安処分反対論者とある意味で似ているのは、当然であって、精神科医としての揺籃時代に、保安処分反対イデオロギーを子守歌のように聞いて育ちました。私が精神科医になったころ、自分の指導者は団塊の世代かその少し上です。つまり、保安処分反対を唱えた世代が私の指導者層でした。
　それで先輩たちの論理も行動もよく知っています。保安処分闘争が発生した経緯にも、精神科医になった当初から関心がありましたから、関連の書籍を読んでいました。
　というより、私自身、白状すると、学生時代に保安処分反対の勉強会だの、集会だのに顔を出したこともあるのです。先輩に誘われて行きました。わけがわかりませんでしたけど、あのとき保安処分反対イデオロギーに触れました。幼児が大人の歌を意味もわからずに丸暗記するように、保安処分反対の論理を意味もわからずに覚えてしまいました。**「最も底辺にあり、最も抑圧され、最も虐げられた人々を、権力の支配から解放せん！」**のようなロジックです。
　私が中学生だった頃、「『いちご白書』をもう一度」という曲がはやったこ

とがありました。学生運動華やかなりしころの中途半端な青春を描いた作品です。「『いちご白書』をもう一度」の主人公は、無精ひげと髪を伸ばして学生集会にときどきでかけたけど、本当はよくわかっていない。で、就職が決まって髪を切ってきたとき、「もう若くない」というわかったような、わからないような言い訳をしたという話です。

　大多数の学生は、こんなふうに中途半端に学生運動にかかわっていたはずです。私は学生運動の世代ではありませんけれど、学生時代、学生集会の代わりに、保安処分反対の勉強会と称するものに行ってみました。なんで反対しているのかわからなかったけれど、国家権力のやることだから、とりあえず反対しておいて間違いなかろうという程度の理解でした。私もその程度の理解にすぎませんでした。

　ちなみに、「『いちご白書』をもう一度」は、**無名時代の荒井由実が作詞・作曲**。当時だって、大多数の学生は、本当のところ学生運動に乗り切れない中途半端な青春を送っていたはずです。そういう多数派のおさまりの悪さを、よくぞまあ21歳の女が歌詞にしたものだと思います。もしかすると、作曲はともかく、作詞は誰かが手伝ったのかもしれませんが、もし、ユーミンが単独で書いたとしたら、まさに天才といえるでしょう。

　私自身も保安処分問題については、まあ、中途半端な青春です。ですから、半端でなく関わった先輩たちに対しては、一定のリスペクトがあったので、医者になってから、自分なりにその経緯を調べてみました。

●学生運動と保安処分反対

　保安処分反対運動は、「『いちご白書』をもう一度」の世界、つまり、**学生運動の延長**です。明らかに**新左翼の反体制運動**の延長です。新左翼運動が挫折したとき、新たなテーマ、特に支持者を得られそうなテーマが必要になりました。そうして、一部は貧窮者救援活動へ、一部は**障害者解放運動**

へと向かいました。後者が精神医療改革運動と結びついた。そのあたりから、**反国家闘争としての保安処分反対運動**が盛り上がっていったわけです。学園紛争の終焉と保安処分反対運動の始まりの時期は、ほぼ一致しています。

一方で、新左翼運動は一般市民から遊離していきました。支持者を失って、市民運動としては自然消滅へ向かったわけです。

保安処分反対運動も同じ運命をたどりつつあります。そもそも障害者としては、応援してくれるのはありがたいけれど、そんなに過激に解放運動に取り組んでもらっても困ってしまいます。障害者にしても、その親御さんにしても、別に、**革命戦士になりたいわけではないし、国家権力に立ち向かいたいわけでもない**。むしろ、その逆です。国のお世話になって、障害をもった人生をそれでも精一杯生きたい、生かせてあげたいと思っているのです。患者さんにしても、ご家族にしても、普通の市民にすぎません。政治色の強すぎる反体制運動にはついていけません。

保安処分反対運動も同じ運命をたどって、徐々に衰退しつつあります。私と同世代の精神科医にごく少数、いまだに熱心に保安処分反対運動を行っている人がいますが、**次世代の精神科医のなかに反対運動を引き継ぐ人はいません**。特段の総括もないまま、静かに終焉を迎えることでしょう。一般市民にも支持されないし、精神科医の後進たちからも支持されない運動がいつまでも続くわけがありません。

●市民なくして市民運動なし

日本の新左翼の場合、**60年代のスチューデント・パワー**の時代が目立つけれど、前哨戦がありました。それが、先にも述べた**1958年の警職法反対運動**です。これで、市民運動の実践知が高まっていたことが大きかったと思います。そして、**1960年の安保闘争**が労働者、一般市民を巻き込んで

非常な高揚を見せ、**岸信介内閣を総辞職**に追い込みました。つまり、一般市民の支持を得て初めて、市民運動が成立するのです。**市民なくして市民運動はありえない**。ある意味でトートロジーですが、このことには重い意味があります。

　その後、68年から学生運動が激化します。当時は大学進学率は、20％程度です。つまり、大学生というのはそれだけですでに、一般市民とはいえない「選ばれた人」でした。あの時代を代表する名曲が、**ペギー葉山の「学生時代」**ですが、これも最初は「大学時代」になるはずだったのに、「大学に行く人ばかりではない」という理由で変更になったそうです。彼女自身、青山学院卒業ですが、大学でなく、高校です。青学の蔦の絡まるチャペルが「学生時代」の舞台でした。

　要するに、**当時の大学生たちは、親の金で大学に行かせてもらっていたくせに、真面目に授業に出ないで、デモ行進なんかやっていた**。一方で、**サラリーマンたちは毎日満員電車に乗って、必死に働いて、高度経済成長を支えていました**。

　これは、私どもの両親の世代もそうですし、大学生と同世代の若者だって、多くは一所懸命働く生活者でした。「15の春」で田舎から出て、集団就職して、町工場で油にまみれて働いていました。そういう市民の生活感覚とはかけ離れたところで、経済力のある良家の子弟たちが大学に進み、ヘルメットをかぶり、ゲバ棒を持って、町を練り歩いていたわけです。

　つまり、最初から、学生運動というものは、市民の生活感覚から遊離するリスクがはらまれていたように思います。60年安保と違って、**70年安保闘争は学生主体の運動**でしたから、世論の十分な支持を得られていたとはいえませんでした。次第に新左翼運動は孤立していきました。

　そして、最終的に仲間同士の**内ゲバ**が発生しました。もう、こうなれば、一般市民はドン引きです。こうして、新左翼運動は孤立して、分裂していきました。その挫折感の空隙を埋めるような形で、**保安処分反対運動というものが70年代からそれなりに一部の精神科医たちを中心にして続いて**

いったのです。

● 太宰治の描く反体制運動

　ただ、かつての安保闘争にせよ、学生運動にせよ、保安処分反対闘争にせよ、こういう反体制運動というものに関わってくる人は玉石混交です。
　太宰治が、『**人間失格**』のなかで反体制運動の特異な雰囲気をよく描いています。主人公の「私」は、「例の地下運動のグルウプの雰囲気が、へんに安心で、居心地がよく、つまり、その運動の本来の目的よりも、その運動の肌が、自分にあった感じなのでした」と言っています。
　私の推測ですが、これとよく似たような精神科医もいたのではないでしょうか。当時は様々なタイプの保安処分反対派がいたでしょう。『人間失格』に出てくる**堀木**のような「**虚栄のモダニティ**からそれを自称する者」もいただろうし、小説の主人公の「**私**」のように「ただ**非合法の匂い**が気にいって、そこに座り込んでいる者」もいたはずです。
　でも、反体制運動というものには、人数が必要です。玉も石も一緒くたにしないと、運動として保安処分反対は成り立ちません。『人間失格』にこんな描写もあります。

　　「殊にも自分は、その非合法の世界においては、合法の紳士たちの世界におけるよりも、かえってのびのびと、所謂『健康』に振舞うことが出来ましたので、見込みのある『同士』として、噴出したくなるほど過度に秘密めかした、さまざまの用事を頼まれるほどになったのです。」

　精神科医のなかには、そういう世界に親和性のある人が多いことは確かです。せっかく医者になったのに、なんでわざわざ精神科を選ぶのか。そ

れは、そこの世界の方が**「合法の紳士たちの世界におけるよりも、かえってのびのびと、所謂『健康』に振舞うことが出来」**るからです。私だって、間違いなく、その一人です。

ただ、保安処分反対運動を行っていた当時の若手、つまり、私の指導医クラスのドクターたちを弁護するとすれば、この人たちは、皆、精神科医になり、臨床の経験を積んでいきました。だから、次第に現場の事情というものはわかってきます。そうなると、空理空論では現実は変えられないということに気づいていきます。いつまでも「虚栄のモダニティ」だの、「非合法の匂い」だの、太宰治的な反体制的な雰囲気だけで行動するわけにはいかない。むしろ、当初の理念と現実との齟齬に気付いてきます。

つまり、活動家も生活者になっていきます。活動家も臨床家になっていくのです。

●保安処分反対運動の悲劇

ところが、ここからが**反体制運動というものの悲劇**なのですが、一度集団で始めてしまえば、**方向転換することが実に難しい**。社会に出て、現実を見れば、若かりし頃、壇上で力説していた自説の間違いに気づくことはあります。それで、引き返そうと思う。間違いに気づいたのなら、引き返す勇気を持たなければいけないのです。

でも、それがとても難しい。**何しろ、同志がいますから、簡単に裏切るわけにはいかない。**実際には、引き返すまでいかなくても、多少の譲歩、妥協をしつつ、現実に即した改革運動を続けていこうと思い直した人もいました。でも、そういう意見を口にすると、同志たちは皆、一斉に火がついたように怒り始めます。こうして、宗教裁判が開かれて、異端審問が始まって、みんなで糾弾して、公開処刑で血祭りにあげて、というようなことになって、大変なことになります。

こんなことだから、イデオロギーというものには関わらない方がいいのです。昔から、反体制運動というものには、裏切りや陰謀や同士討ちはつきもので、みんな疑心暗鬼になっていたはずです。だからこそ、方向転換は難しかったでしょう。

　実は、かつての保安処分反対派たちも精神科医を10年も20年もやっていると、いろいろ考えるところもでてきます。1990年代に厚生科学研究として、**「精神科医療領域における他害と処遇困難性に関する研究」**というのが行われたことがありました。この研究に基づいて、公衆衛生審議会が**「処遇困難者専門病棟」**を作ることを答申したことがありました。当然、保安処分反対派は反対します。

　ところが、困ったことに、この研究に関わっていた精神科医のなかに、かつて、保安処分反対運動で中心的な役割を演じた人が混じっていました。中山宏太郎[5-4]という京都大学の精神科医です。直ちに裏切り者の糾弾が始まりました。

　新左翼の内ゲバと似ています。そこから先は、論理の世界ではなく、感情の世界です。中山に対する個人的な感情が爆発するだけで、冷静な議論などまったく行われませんでした。

　ただ、私は別にこの中山氏に義理があるわけではありませんが、事情は何となく察することができるものがあります。この先生、精神科病院の鉄格子のなかで仕事をしてみて、入院患者のなかに暴力が激しくて、地域社会に出しづらい人がいることに気付いただろうし、そういう人のための特別の施設を作らないと、精神科病院の開放化はできない。今のまま、ただ「地域に開かれた精神科医療を！」と叫んだら、この一部の患者さんたちも地域に出る。でも、すぐ事件を起こして警察に捕まる。そうなると、この人たちは刑務所送りになってしまう。精神科病院もひどいかもしれないが、刑務所はもっとひどい。刑務所送りにするぐらいなら、特別な病院を作ったほうがまだましだ。それが精神科医として責任のある態度だろう。そう思っていた可能性があります。

つまり、「**最底辺で抑圧されていた患者階級の解放**」を叫んで、保安処分に反対したけれど、**その結果は患者を刑務所送りにするだけだったじゃないか**。これはまずいだろうというわけです。
　それで、かつて、自分は壇上に立って同志を説得して、反対運動を主導した。だから、間違いに気づいた今、自分の責任で同志を説得して、反対運動の方向を修正しようとしたのではないでしょうか。
　中山の見込み違いは、同志たちはすでに中山の説得に耳を貸す冷静さを失っていたということでしょう。その後、中山糾弾の先頭に立った人が、この反対運動の実権を握ります。

● ペンローズの法則

　開かれた精神科医療を目指せば、結果として、患者は刑務所に大量にたまる。中山が危惧したようなことが、実際にあるのでしょうか。
　実際にあります。このことは、「**ペンローズの法則**」としてよく知られています。1939年に**イギリスの精神科医ライオネル・ペンローズ**（Lionel Penrose）が、ヨーロッパの18カ国の精神科病床数と刑務所受刑者の数が反比例すること、さらには、病床数と殺人事件犠牲者数とが負の相関を示すことを明らかにしました[5-5]。精神科のベッドが減れば、殺人事件が増え、受刑者も増えるというのです。
　これは、なかなかショッキングな結果です。地域に開かれた精神科医療ということを語りづらくなります。
　「ペンローズの法則」は精神科医たちの間では語ることがタブー視されていますが、「公然の秘密」というところもあります。ペンローズは、司法精神医学を専門としていたわけではなく、むしろ、知的障害の遺伝学が専門でした。遺伝学は、ある意味で数理経済学と似ていて、集団を統計学的に扱うことが得意だから、遺伝研究の余技として刑務所と精神科病床の関係

についても調べたものと思われます。

「ペンローズの法則」は、多少単純化しすぎるところもありますが、**文化、時代を超えて、つねに見いだされる傾向**です。最近も、ノルウェーの精神科医たちが、自国のデータを1930年から2004年までの期間、分析して、ペンローズの説を検証しています5-6)。

日本では、こういう研究は人権派に批判されるから、やりにくいと思います。ただ、累犯受刑者のなかに障害者が増えていることは指摘されています。その点は、<u>山本譲司の『累犯障害者』</u>5-7) で描かれています。

●市民の価値観より同志の結束を優先

精神科病院を敵愾視して、「患者に自由を与えよ！ 鉄格子を外せ！」と叫ぶと格好いいけれど、それから先のフォローアップのことも考えないといけません。それをしないと、ペンローズの法則の通りになってしまいます。

ただ、保安処分反対派の人たちの悲惨な点は、反対運動を続けているうちに、**運動の継続だけが自己目的化**してしまった点です。そして、市民一般の価値観など眼中になくなって、**同志の結束こそ第一**という雰囲気が醸成されてしまうのです。裏切りは許されない、仲間を裏切ることは、いかなる理由があろうとも許されないという空気です。

仲間の結束を第一に考えるのは、自らを「反体制派」として自己規定してしまったからでしょう。「体制派」とは決裂する覚悟で運動を始めていますから、もはや、二度と「体制派」には戻ることはできない。となると、「反体制派」のなかでの結束が絶対視されてしまいます。「反体制派」のなかで裏切り者扱いされれば、もはや、この世に住むところがないということになります。

全員がこういった緊張感のなかで反体制運動を行っていますから、悲愴そのものです。みんながみんな、誰かが足抜けしようとしてやいないか、

誰かが自分たちを裏切りやしないかと、不安で、不安で、仕方ない。こういう誰もが少なからず疑心暗鬼になっている状態では、いかなる修正案であっても、仲間たちはそれを裏切りとしてとらえます。

しかし、修正案を提案した人は、現状を見て、最も有効な方法を提案しただけかもしれません。別に帝国主義国家**権力の弾圧とやらに屈して、転向したわけではない**。それでも、反対運動の内部から見れば、「権力に屈した日和見主義」とみなされます。外部から見れば融通の利かないゴリゴリの守旧派なのに、むしろ、そういう頭の固い人たちこそが、イデオロギーの中にあっては「**権力の弾圧に屈しない断固たる姿勢**」として評価されてしまいます。

こんなことをしているようでは、当然ながら、時代の変化に取り残されます。これでは、イデオロギーの外部にいる人、一般市民、患者さん、ご家族、みんなに見捨てられます。それでも、かたくなに同志との結束を維持しようとすれば、当然、孤立していきます。

●誰も「保安処分」を理解していない

「保安処分反対！」を叫んでいる人の大半は、保安処分を正確には理解していません。一種のお祭りとして「国家権力反対！」を叫んでいるだけですから、そういう人は、むしろ、気楽でいいのです。

問題は、保安処分反対の意味を正確に理解し、そのうえで筋の通った言論活動、実践活動を続けてきた人たちです。つまり、反対運動の指導者クラスの人たちです。先ほど言及した中山宏太郎などはその一人です。中山同様に、この人たちには、あとで悲劇的な結末が待ち受けているでしょう。

具体的にはどういうことかというと、仲間割れです。かつての同志が仲間割れを始める。そういう結束のなさを見れば、後進たちがついていこうとは思わない。ますます孤立していく。孤立すればするほど、先鋭的にな

第五章　反体制運動の延長としての保安処分反対闘争

っていきます。

　実際、新左翼運動のときはそうでした。メンバーは当時は若かったです。ただ、今、保安処分反対運動を続けている人は、もう高齢者ばかりです。老眼だし、腰も痛いし、持病もあるしで、先鋭的になるほどのエネルギーはありません。

　ともあれ、保安処分反対論の理念は、**「精神医学を障害者弾圧の道具にするな」**ということでした。でも、その理念を実現するためには、闘い方を時代や状況に合わせて変えていかなければなりません。理念は正しくても、それを実現するための方法が間違っていると気づいたら、改めなければいけない。総論はいいとして、各論には修正を加えていかなければいけません。でも、これは市民運動、大衆運動というものの宿命なのだけれど、いったん、一つの方向へ向かって動き出すと、もう巨大な船舶のようなもので、小回りが利かないのです。

　反体制運動というものには、カイゼンということがありません。ある価値を創ろうと思えば、そのための方法は常に見直して、常に改善していかなければなりません。トヨタをはじめとする日本の製造業がカイゼンということを始めて、この言葉は国際語になりましたが、その骨子はライン作業を行っている現場の人間が主体的に生産ラインの改善を提案するところにありました。

　保安処分反対イデオロギーの場合、カイゼンは不可能です。**保安処分反対運動は、精神科医療を政治的に濫用させないために必要な**運動でした。しかし、その目的は、犯罪者を支援し、国家と敵対し、国民から遊離して、社会から孤立することではなかったはずです。

●イデオロギーの末路

　保安処分反対主義者たちは、今となっては、新たな法律を何が何でも作

らせないというそれだけに目的が特化しています5-8)。法律の内容なんかろくに読みません。たとえそれが、現行の法の不備を正す可能性があっても、とにかく新制度だというだけで反対します。

　実際には、措置入院がこのまま現行法の通りであれば、制度が障害者迫害の道具として使われてしまうリスクがあります。そして、現に相模原事件のときの国の動きはそうだったではないですか。でも、彼らは、現行制度はけっして批判しません。**現行制度を批判すれば、新制度の必要性がおのずと出てくる。そういう議論の流れを避けたい**がために、現行制度は徹底的に死守する。だから、措置入院のリスクには目をつぶって、とにかく、国に新しい制度は作らせまいとシャカリキになっているのです。

　カイゼンの具体的な方法にPDCAサイクルを回すというものがあります。つまり、Plan（計画）→ Do（実行）→ Check（評価）→ Act（改善）の4段階を繰り返して、理念を実現するための方法を継続的に改善できれば、理想なのです。

　でも、保安処分反対運動では、PDCAなど回しようがありません。PDCAサイクルを回す必要に気づいても、ひとたび、そのことを口にしようものなら、罵詈雑言の集中砲火を受けます。かつて、自分が主導して体制派たちに批判の集中砲火を浴びせた。そのことを同志たちは覚えていますから、リーダーが方向転換したとなったら、黙ってはいません。かつて教えられたのと同じ方法、同じ口調、同じ論理で、裏切った元主導者を公開処刑にかけるのです。

　私は、以前にも言及した「処遇困難性に関する研究」については、一理あったと思っています。保安処分反対派に血祭りにあげられた元リーダーの中山は、精神医療の現行制度の危険性を適切に指摘していました。精神病院は、明らかに社会防衛の目的で濫用されている。だからこそ、公正な手続きが必要だし、ただ隔離するのではなく、むしろ医療のほうをもっと手厚く行う特別な病院が必要なのだと言っているのです。この意見、保安処分反対論者のイデオロギー内では糾弾の対象になるようだけれど、いた

って正論です。私のようにイデオロギーの外部にいる人間からすると、「よくぞ言ってくれた！」と拍手喝さいを送りたいぐらいです。

●「障害者階級」という階級は存在しない

「保安処分反対を唱えている人で保安処分を理解していた人はほとんどいない。自分では全然わかっていないことに関して、『断固反対！』とやっていた。それが保安処分反対運動だ」、こう私は何度も言ってきました。

同じようなことが60年安保にもあったようです。最近、田原総一朗がWEB上で**「戦後レジームの正体」**と題する**「60年安保の真実：私は何も知らずに"岸はヤメロ！"と叫んでいた」**というコラム 5-9) を書いていますが、60年安保はアメリカに対する反発とか、岸信介に対する不信感のような、個人的な感情が渦巻くなかで行われたということでしょう。

私は、60年安保のときはまだ生まれていませんから、当時のことを証言する立場にはありません。しかし、田原氏の言葉が正しいとすれば、保安処分反対運動に関しても事情はよく似ています。国家権力のやることはとにかく反対しておいて間違いないというような皮相な理解で反対していた人がほとんどでしょう。

帝国主義国家権力に支配され、抑圧されている最底辺の階級、すなわち精神障害者を解放せん、というような論理です。つまり、左翼運動の階級闘争の延長で、精神障害者の問題を考えてしまったのです。

でも、保安処分の問題は、帝国主義がどうの、抑圧された民衆がどうのという問題ではありません。**階級闘争の問題ではなく、要は、精神の病気が重すぎて、とても刑事責任を問えないような重度障害者を、どうやって人道的に処遇するかという問題**です。

精神障害者だって、法の下の平等の原則はあてはまります。刑法に触れる行為を行ってしまった場合、当然、法の裁きを受けなければなりません。

でも、普通の責任能力者と同じように、刑務所に入れてしまえば、治療がおろそかになります。これは人道上由々しき問題です。先ほどのマトリックスを敷衍すれば、「犯罪を犯した健常者」と「犯罪を犯した精神障害者」とは区別しなければいけません。そうかといって、措置入院で普通の患者さんと一緒に入院させれば、いずれ退院する。退院後のフォローアップをしないと、また法に触れることにもなりかねない。これでは、市民は不安がる。やはり、「犯罪を犯した精神障害者」と「善良な精神障害者」とは区別しなければいけません。さあ、どうするかということです。
　つまり、この問題は、「帝国主義国家反対！」とか、「権力の弾圧に抗議する！」とかいった問題ではありません。左翼の階級闘争史観を持ち込んでも、何の意味もありません。階級闘争の問題でないどころか、そもそも「精神障害者階級」などという階級は、存在しないからです。
　ブルジョアの家庭からも精神障害者は出る。プロレタリアートからも精神障害者は出る。精神障害者に関しては、どの階級からも出てきますから、階級闘争史観を持ち込んでも不毛です。

●保安処分反対主義者は
　精神障害者を刑務所送りにしたい

　保安処分反対イデオロギーを振りかざしていた指導的な精神科医たちが今、何を主張しているかといえば、もう、ひたすら墓穴を掘っています。
　たとえば、一部は**「刑務所の医療を改善せよ！」**と叫び始めました。刑務所で医療をやれといっても、それは無理です。だからこそ、刑務所でなくて病院を造ろうという話だったのに、彼らは「病院では人権が守れない。刑務所のほうがいい」と主張しているのです。奇妙奇天烈な理屈です。
　彼らは、「心神喪失者のための専用病院断固反対！」と、こぶしを振り上げて、叫び続けていました。今さら、こぶしをおろすわけにもいかない。そうなると、「専用病院断固反対！」の主張を変えることなく、しかし、ど

こかに治療の場を探さないといけない。このときに、彼らが発作的に思いついたのが、「刑務所の医療を充実させよ！」ということなのでした。

「医療の充実したユートピアのような刑務所を造りましょう。そうすれば、心神喪失者専用の病院はいらないでしょう」ということらしい。つまり、**「鉄格子を破壊せよ！」「予防拘禁許すまじ！」「帝国主義国家権力と対峙する！」**と叫んでいたはずの運動が、いつのまにか**「精神障害者刑務所送り運動」**に転換していたのです。

でも、刑務所はしょせん刑務所です。医療を行う場ではない。それに障害者刑務所送りに関しては、別に運動なんかやらなくても、すでに十分実現しています。刑務所は受刑者が高齢化して、障害をもっている人も多い。特に、累犯受刑者は、どこにも受け入れ先のないような障害者ばかりです。刑務所は、もはや、老人病院のようになってきています。施設の職員は、あくまで刑務官であって、看護師でも、介護士でもありません。でも、介護の負担が年々大きくなっています。この期に及んで、「精神障害者刑務所送り運動」などやられた日には、もうお手上げです。

> ●保安処分反対主義者は刑法39条にも反対？

それと、「精神障害者刑務所送り運動」とも符合するのですが、**「刑法39条を削除せよ！」**という主張もあります。刑法39条といえば、「心神喪失者の行為は、罰しない。心神耗弱者の行為は、その刑を減軽する」というものです。彼らは、「これは障害者を差別するものだから、撤廃せよ」というのです。

でも、刑法39条のような乱心者免責規定は、紀元前4世紀のプラトンの『法律』やヒポクラテスの『集典』にも記載があるといわれています。日本にも、8世紀の『養老律令』に記載されているというから、おそらくその前身の『大宝律令』にもあったと思われる。こんな長い伝統をもった制度を、一時の気まぐれで、過激なイデオロギーに振り回されて削除するなど、軽

率もはなはだしい話です。

　「**精神科医療を政治的に濫用させない**」「**精神障害者の不当な監禁に反対する**」、これが保安処分反対イデオロギーの発端でした。その理念は間違っていない。しかし、その帰結が、「**法を犯した精神障害者に対して、刑法39条を撤廃して、病院ではなく、刑務所に送れ！**」となるのは、なんともおかしな話です。

　保安処分反対主義者たちは、障害者を差別することに反対なのです。でも、「差別反対！」も過ぎたるはなお及ばざるが如しであって、必要な区別すらしなくなれば、ひいきの引き倒しに終わります。

　差別に反対するなら、法を犯した精神障害者に、法を犯した健常人と同じ刑罰を与えなければいけなくなります。確かに、それは少なくとも差別ではない。一般の健常者ならば、法を犯したら刑務所に入るのですから。

　でも、まあ「病院の鉄格子を破壊せよ！」と言っていたのが、「刑務所の鉄格子のなかに拘禁せよ！」にすり替わる。「予防拘禁断固反対！」と言っていたのが、「犯罪の責任をとれ！　病院はだめだ。刑務所で拘禁せよ！」ですから、もう、どうしたことか。こういう主張をしている人の、こころの健康を心配したくもなります。

　保安処分の話がどうして出てきたのかといえば、精神障害者を刑務所に入れたり、死刑台につるしたりしても、なんの意味もないからです。この人たちは、自分でも何をしているのかわからないままに刑法に触れる行動をとってしまいました。だから、健常者のように刑罰を与えても、「のれんに腕押し」、「ぬかに釘」であり、効果がありません。だから代わりに治療をしようではないか、そのほうが犯罪防止の効果があるだろうというのが保安処分の話が出てきたきっかけでした。つまり、**本人の更生にとっても、犯罪の予防にとっても、厳罰を加えることには意味がありません。**

　刑務所や死刑台よりも、病院のほうが患者にやさしい方法であることは明白です。でも、保安処分反対主義者にしてみれば、それは「差別だ！」ということらしい。こんな無茶な主張をして、よく彼らは自己嫌悪に陥ら

ないものだと思います。どうやら、それが彼らの夢想していた「差別のない明るい社会」らしい。

　私どもからすれば、それは明るいどころか真っ暗闇です。「差別のない暗い社会」よりも、「区別のある明るい社会」を目指すべきでしょう。**「いわれなき差別」はいけないけれど、「理由ある区別」は必要**です。さきほどの2×2のマトリックスは、「いわれなき差別」ではなく、「理由ある区別」です。これは必要なことです。「等しきものは等しく、等しからざるものは等しからざるように」です。犯罪を犯す精神障害者と、犯罪を犯す健常者とは違います。等しくありません。等しくないものを等しく扱ってはいけません。

● 呉智英の「珍左翼」と保安処分反対イデオロギー

　評論家の**呉智英**が以前、**「珍左翼」**という言葉を使ったことがあります[5-10]。要は、**新左翼運動が思想的に袋小路にはまり込んでしまったのに限界に気づかずに、その場しのぎの珍妙な屁理屈を繰り出してきて、自分ではそれでも「進歩的」だと思っている人たち**のことです。

　保安処分反対イデオロギーもそれに似ています。保安処分反対イデオロギーは、呉智英のいう「珍左翼」の精神医学版だと考えるべきでしょう。「刑務所の医療を充実させよ」だの「刑法39条を削除せよ」などといった御意見は、まさしくその場しのぎの珍妙な屁理屈のように聞こえます。

　保安処分反対派たちは、当初の志は正しかったし、意気込みは熱かった。でも、あまりにも不勉強でした。

● 保安処分反対主義者のオウンゴール

刑法39条がある限り、心神喪失者を刑務所に入れるわけにはいかない。

しかし、その人たちを**フォローアップする場が必要**です。ここに最小限の必要悪として、**裁判所のモニタリングの下で強制治療を行う場**が必要になる。

それすら拒否するとなれば、選択肢は二つしかない。

第一が、法に触れた精神障害者を健常者と一緒にして刑務所に入れる。

第二が、法に触れた精神障害者を一般精神障害者と一緒にして病院に入れる。

後者が、まさに措置入院制度に保安処分の代わりをやらせるということです。「保安処分反対！」を断固叫ぶ限り、この二つのいずれかになるのは当然のなりゆきです。保安処分に反対すれば、心神喪失者をすべて刑務所に叩きこむか、措置入院を保安処分がわりにするか。それ以外の選択肢はない。この程度のことは、十分に予想できたはずです。

今回、相模原事件検証チームが行ったことは、後者です。つまり、**「措置入院を保安処分がわりに使いましょう」**ということです。

それにしても、措置入院からの「安易な退院を許さない」この手続きをいったい誰が提案したのでしょうか。この検証チームの座長は、山本輝之5-11)という刑法学者で、保安処分反対派です。いわば、保安処分反対主義者の精神科医たちが、自分たちの思いを理論にしてくれる法律の教師として、山本を、より正確にはその師匠にあたる町野朔5-12)という刑法学者なのですが、この人たちを担いできたのです。そして、保安処分反対主義者の山本座長のリーダーシップに従って、検証チーム全体が刑事政策には触れずに、精神保健政策の内部で相模原事件を検証しようとしました。となると、おのずと措置入院が保安処分化していく。なぜならば、それ以外の選択肢はないわけですから。

皮肉なことに、保安処分反対派の山本座長が自ら進んで措置入院を保安処分化しているのです。**保安処分反対イデオロギーはオウンゴールに終わったのです。保安処分反対を叫んだ結果は、措置入院を保安処分化しただけだったのです**5-13)。

第五章　反体制運動の延長としての保安処分反対闘争 | 135

●批判の矛先は何よりも保安処分反対主義者たち自身へ

　考えようによっては、山本座長は筋が通っているともいえます。医療と治安とのはざまに管轄の不確かなグレーゾーンがある。どちらが管轄するか。法務省がかつて「うちでやります」といって保安処分を提案した。ところが、精神科医たちが猛反対した。となると、グレーゾーンはすべて精神科医療の管轄とせざるを得ない。だから、法律の専門家としては精神科医たちのお望み通りの制度を考えた。**「精神科の先生方に存分にご活躍いただけるように、グレーゾーン症例を医療が一括して担うことのできる制度を提案いたしました」**ということです。

　だから、保安処分反対派の精神科医たちは、保安処分反対派のリクエストにお応えして、刑事政策なんかに手を触れず、措置入院を保安処分化することで問題を解決しようとした山本教授に心からの感謝の言葉を送らなければいけません。逆に、反対派たちが**山本教授を批判するのであれば、むしろ、批判の矛先を自分たちの論理の自家撞着にこそむけるべきでしょう。**

●精神障害者は行政から独立しては生きていけない

　呉智英は、「人権派」という一群の人たちの論理の矛盾も厳しくついていました。保安処分反対論者たちもいわゆる「人権派」であり、その精神医学版だといっていいでしょう。「人権派」の人たちは、人権を守りたいのではなくて、国家を向こうにまわして勇ましく戦いたいだけなのです。

　ただ、精神障害者を前にして、国を敵に回すことは得策ではありません。精神障害者たちはひとりでなんでもできる人たちではありません。国が親代わりになって、手厚く保護しなければいけない人たちです。

そもそも、私を含め、普通の精神科医たちは、保安処分反対主義者たちのように**「国家権力の弾圧から患者を解放する」という発想**を採ることはありません。そもそも、彼らのように「国家が障害者階級を弾圧している」という見方を採りません。私どもは「国家からの解放」を目指しているのではなく、むしろ**国家（行政）への緩い依存関係を構築しよう**と考えます。保安処分反対主義者とは異なり、「障害者階級」という階級が存在するとは考えていません。したがって、存在しない階級をめぐって、階級闘争史観を採りようがないし、精神障害者犯罪の問題を階級闘争の問題とはとらえていません。

　だから、**人権派の反国家的な姿勢は、医療の現場にいる私どもからすると、はた迷惑なことこのうえない。**人権派こそが人権をないがしろにしているのです。このまま措置入院制度を温存していたのでは、患者さんの人権は守れません。治安のためには、警察を入れること、そして、人権のために裁判所に関わってもらうこと。それをせずに、措置入院制度を「患者さんのため」と称して、欺瞞だらけの予防拘禁をだらだら続けることにまさる、人権侵害はありません。

●すべてがむなしい夢だったとはいえない

　加藤登紀子の名曲に「時には昔の話を」というのがあります。これは、獄中結婚した学生運動指導者藤本敏夫のために作った曲だと思われます。マロニエの並木道、学生街のコーヒー店、狭い下宿屋、未来の見えない不安、夜を徹した議論など、この曲に出てくる学生たちの姿は、すべて私も身に覚えのあるものばかりです。若者の未熟な夢と苦い挫折の思い出を美しいメロディーとともにうたいあげています。

　そして、この曲の最後に、涙なしでは聴けない一節が出てきます。あの時代のすべてをむなしい失敗だと捨て去ってはいけないというニュアンス

です。音楽著作権に触れるのでじかには歌詞は出せませんが、ぜひ聴いてみてください。

　保安処分反対主義運動にかかわった人たちも、今では、もしかすると「すべてがむなしい夢だったのではないか」と思っているかもしれません。

　保安処分反対運動が一定の時代的使命を終えたことは確かです。私自身は、今日まで続く反対運動のマンネリ化に対して、厳しい批判者の立場です。でも、その私からみても、まったく無意味な運動だったとは思いたくありません。一定の意義はあった運動だったと思います。

　しかし、賞味期限は切れています。昭和時代にすでに切れていました。

　でも、私自身、実に多くを学びました。保安処分反対主義者たちの議論がなければ、このたびの相模原事件の問題点を発見することはできなかったでしょう。

　保安処分反対運動を担った偉大な先輩たちに敬意をこめて、「ありがとうございました。どうぞ、ゆっくりお休みください」と申し上げたいと思います。

第六章
相模原事件、そして、事後の検証

● 措置入院退院後

　さて、ここまで、どちらかというと**いかにして人権を守る**かという観点から議論してきました。私が**保安処分反対イデオロギーに批判的なのも、もっぱら人権上の理由から**です。つまり、かつて、精神科医たちは、刑事政策の一環としての保安処分制度に、それが裁判所の関与した人権上のセーフガードがあったにも関わらず、反対しました。その結果、裁判所の関与しない、そもそも精神保健目的にすぎない措置入院が、本来の目的を外れて、予防拘禁のために使用されてしまいました。結果として、精神科医たちは、自ら「逮捕状なき逮捕」「裁判なき保安処分」に加担することになってしまいました。これでは、人権上重大な問題が発生するだろう、ということでした。

　それで、ここまで治安維持の仕事は精神科医の管轄ではないという議論がずっと続いていました。ただ、精神科医が先頭きって治安維持のために動く必要はないにしても、**何らかの形で警察に協力する必要はあるはず**です。医療は治安維持に対して、どのような関わりを持つか、ここで議論してみたいと思います。

　この点は重大なポイントです。**「なぜ相模原事件が起きたのか」**、そのカギがここにあります。

　さて、今回の退院の流れとしては、3月2日に医師が「**自傷他害のおそれ**

なし」と判断して、その旨を相模原市長に伝えました。そして、市長の判断で退院となりました。最終的な**決定権者は相模原市長**です。

退院後、被疑者は、相模原市内にとどまらず、八王子市の両親のもとに帰ると言って、一人で退院していきました。

一人で退院したという事実を見て、「誰も監視しなくて大丈夫か？」という意見もあるかもしれません。しかし、もう措置入院は終わりました。強制治療はこれで終了。あとは、どの町に住もうがそれは本人の自由です。何人も彼を相模原に留める権利はありません。

相模原市は、**措置入院からの退院後に定期的に訪問するシステム**を持っていました。でも、せっかくシステムを持っていたのに、市外に出てしまったので、その後はフォローできなくなりました。相模原市としては、2月19日に緊急措置入院し、22日に措置入院して、3月2日に退院したという事実を知っています。当然です。入院も退院も相模原市長の決定ですから。

しかし、退院後、市外に出てしまったという事実を相模原市は八王子市には伝えませんでした。

ここも議論になりえるでしょう。そもそも、伝えるべきだったのか。そこまで行政が追いかけるべきだったのか。もし、情報を伝えよ、行方を追えというのなら、いったい何のためでしょうか？　本人の治療のためですか？　それとも治安を守るためでしょうか？

事件との関係でいうならば治安を守るためでしょう。でも、治安維持は法制度上は措置入院の目的ではありませんから、「治療のため」だと考えるしかない。もし、治療のためなら、**治療を受けるかどうかは本人次第**です。情報を伝えよといっても、その**情報は個人情報です。本人の自己コントロールの範囲内**の情報です。八王子市に伝えるなら伝えるで、本人の同意が必要です。それにしても、もうとっくに**強制入院の時期は終わっている**のに、いったいいつまで本人を追いかけなければいけないのでしょうか？本人にすれば、「しつこいぞ。いい加減にしてくれ」と思うでしょう。治安

を守るためだとすれば、それは行政の仕事ではなく、警察の仕事です。

　本人は、退院後、2回外来を受診していますが、5月の予約を変更したい旨の連絡があって以降、病院に姿を見せませんでした。

　ここも、事件後、なぜ病院は受診を促さなかったのかと責任が追及されていました。しかし、もう一度繰り返します。もうとっくに強制入院の時期は終わっています。退院後の受診も本人次第です。**受診しない人にしつこく受診を勧奨する**のは、一度や二度なら許されるでしょうけれど、**過ぎたるはストーカーのごとし**です。受診勧奨しなかったからといって、それはとがめだてされるようなことではありません。

　そして7月26日に事件が発生しました。

　これだって、もう4カ月もたっています。措置入院は遠い過去です。**事件と措置入院とは直接の関係はない**といっていいのではないでしょうか。

●直ちにその者を退院させなければならない

　退院の判断はどうでしょうか？

　精神保健福祉法の第29条の4には、「精神障害ゆえに自傷他害のおそれ」がなくなったときには、「**直ちにその者を退院させなければならない**」とされています。ですから、直ちに退院させるべきです。

　入院した当初はおそらく、気分高揚、多弁、猜疑的傾向、攻撃的言動などがあって「精神障害ゆえに自傷他害のおそれ」があった。しかし、今や、気分は高揚していないし、口数も多すぎない。あちらこちらに疑いの目を向けることもなくなったし、喧嘩っ早いところも減った。となれば、もはや「精神障害ゆえに自傷他害のおそれ」ありとはいえない。となると、退院させなければいけません。

　むしろ、ここで退院を引き留めると、**治療が終わっているのに「犯罪予防」の名の下に閉鎖病棟に留め置く**ことになる。これは、行動の自由を不

第六章　相模原事件、そして、事後の検証

法に奪うこととなりますから、**刑法の逮捕・監禁罪が成立**してしまいます。

●精神障害によらない自傷他害のおそれ

　ここで問題となるのは、気分高揚もなければ、多弁もないし、猜疑的傾向もなければ、攻撃的言動もない。冷静そのもの。しかし、その冷静な男の口から、「それでも障害者は抹殺すべきだ」という発言が出てきたらどうすればいいかということです。つまり、「精神障害ゆえに自傷他害のおそれ」は全然ない。しかし、**「精神障害によらない自傷他害のおそれ」**は十分にあるという場合、さあ、どうしたらいいものか。

　警察に電話して、「今から退院させますんで、あとはよろしく」って言ったらどうなるでしょうか？　実際、そうしたいところです。ほかの人が考えても、ぜひ主治医にそうしてほしいと思う事でしょう。できればそうしたいものです。

　「もしもし、相模原署ですか。2月に『障害者は抹殺すべきだ』って言っていたあの男。当時は、『精神障害ゆえに自傷他害のおそれ』がありましたが、今は、そのおそれはなくなりました。『妄想性障害』も『薬物性精神病性障害』も治りました。落ち着いて過ごしています。だから、退院させます。でも、まだ依然として『障害者は抹殺すべきだ』って言っています。これはもはや妄想じゃない。本人、正気だけど、強く思い込んでいます。つまり、『精神障害ゆえに自傷他害のおそれ』のおそれはないが、『精神障害によらない自傷他害のおそれ』があるんです」

　そんな風に電話で警察官に伝えたい。もし、それを正確に伝えれば、事件にならなかったかもしれません。**警察に連絡していなかったからこそ、事件になったのかもしれません。**相模原事件の原因は病院から警察に情報提供がなされなかったことにあるようにも思えます。**電話しさえすれば事件は防げていた**かもしれません。

ただ、この電話をかけると、**医師の守秘義務違反**に問われるおそれはあります。犯罪の明々白々たるおそれがあり、それでも警察に連絡できないなんて、そんな馬鹿な話はないとお思いかもしれません。本人は犯罪を予告している。そのことを医師は知っている。それを**警察に知らせさえすれば、19人は犠牲にならなかったかも**しれない。だったら警察に知らせるべきだったでしょう。

　でも、医者には守秘義務があります。「犯罪の予告」など、明らかに公序良俗に反することです。個人の身勝手な犯罪思想よりも、公共の利益を優先すべきだと常識人の感覚からすると考えると思います。それでも、医者には守秘義務があります。

　守秘義務といっても、そもそも守るほどの秘密なのか。身勝手な犯罪計画を後生大事に守秘義務と称して死守して、その一方で、伝えれば動くはずの警察に情報を伝えずに、19人も犬死させて、いったいそれで何が医者の守秘義務だというのでしょうか。

　そういう批判はもっともです。でも、それが医師の守秘義務という融通の利かないルールなのです。

　では、**公務員の犯罪告発義務**には該当しないでしょうか。

　これも該当しません。そもそも、**犯罪を実際に行っていません。**犯罪を予告する言動は行っていますが、実行行為は伴っていません。

●警察への協力と守秘義務

　一般の人は、そもそも医者だって警察の犯罪捜査に協力する義務ぐらいあるだろうと思うかもしれません。しかし、法的には、義務があるというより、条件付きで協力してもいいという感じです。

　実際、私も何度も警察に協力していますが、その場合、最初に**刑事訴訟法第197条第2項の「捜査関係事項照会書」**というものが届きます。実際に

第六章　相模原事件、そして、事後の検証

刑事事件を起こして、今、身柄を拘束されているが、その人の治療歴などがわからないから教えてくれ、という場合が多いです。実際に事件を起こしている場合は、捜査機関としても照会することが可能となります。これが第197条第2項、**「捜査については、公務所又は公私の団体に照会して必要な事項の報告を求めることができる」**というものです。

でも、これだって「協力しなければならない」ではなく、「協力してもいい」「協力することが可能である」といったニュアンスです。いわば、「must」「should」ではなく、「may」「can」だと考えるべきです。

それも、100%「may」「can」とはいえません。第197条第2項の照会があったところで、医師に**刑法134条や個人情報保護法による守秘義務**が課せられていることにはかわりはありません。だから、たとえ照会を受けたとしても、守秘義務の観点から回答を拒否するべきであると判断される場合は、そうしても適法であると考えられるし、それどころか、個人情報保護法等を失念して軽率に回答すると、かえって不法行為とみなされることはあり得ます。

「警察から聞かれたので答えました。ちゃんと刑事訴訟法に則っています」と言えば許してもらえるでしょうか。

微妙です。場合によっては「**医師、薬剤師、医薬品販売業者、助産師、弁護士、弁護人、公証人又はこれらの職にあった者が、正当な理由がないのに、その業務上取り扱ったことについて知り得た人の秘密を漏らした**」とみなされて、**秘密漏示罪**に該当して、「**6月以下の懲役又は10万円以下の罰金**」に処せられることもありえると思います。

先ほど私は、「何度も警察に協力している」と言いました。しかし、警察への協力は、結構、法的なリスクは負っています。私もそのうち守秘義務違反で逮捕されるかもしれません。

でも、私は、ある程度は警察に協力したいと思っています。私の勤めている病院が三次救急病院ですから、警察の関与したケースは実に多い。暴力団の抗争事件で銃弾をぶち込まれて救命救急センターに運び込まれる場

合だってあります。だから、三次救急病院としては警察に守っていただかないと、怖すぎて仕事になりません。こちらとしても、普段からできるだけ協力はしておきたいところです。

でも、いき過ぎた協力は、「6月以下の懲役又は10万円以下の罰金」になります。

では、相模原のときに、警察に電話して、「これから退院させますので、第197条第2項の照会かけてください」と言ったらどうなるでしょうか。

これだってよくないでしょう。そもそも「これから退院させます」ということを警察に伝えるだけでもう守秘義務違反だろうし、「第197条第2項の照会かけてください」とお願いしても、まだ事件になっていませんから、捜査が始まっていません。「起こっていない事件の、始まっていない捜査に関しては、捜査関係事項照会書は書けません」と言われると思います。

●最大のポイントは片道切符問題

そうなると、退院したことを警察に知らせることはできない。まさに、危険人物が町を歩くということになります。

ここは**「なぜ相模原事件は起きたのか」**を考えるうえで**最大のポイント**なので、強調しておきましょう。事件のすべての原因がここにあります。このポイントを新聞はまったく扱っていませんし、事件後の厚生労働省の検証チームも触れていません。しかし、事件の発生に直接かかわってきます。

だから、私はすでに**日本経済新聞**[6-1]と**読売新聞**[6-2]にこの点を指摘する意見論文を投稿しています。これらの記事とも重なりますが、あまり前置きを長くしてもしかたないので、端的にいいましょう。

ひとことでいえば、**「片道切符」**ということです。

つまり、警察が犯罪を起こすおそれのある人物を措置入院のルートに乗

第六章　相模原事件、そして、事後の検証　145

せると、「警察発、病院行き」の「片道切符」になってしまう点です。**警察から病院に引き渡すことはできるが、病院から警察に差し戻すことはできない**のです。ですから、警察が病院に身柄を引き渡して**措置入院が成立すると、ただちに治安の危険が発生**します。

　病院は留置場ではなく、看護師は看守ではありません。本来危険人物を閉じ込めておくにはひ弱すぎます。脱獄のプロならすぐ抜け出せてしまいます。

　そのうえ、**退院させたら、文字通りの放免**になりますから、犯罪を実行する可能性があったとしても、もう誰も彼を追うことはできません。社会保安上の重大なリスクが発生します。

　しかも、退院させるときに、医者には先ほど述べた通り、**守秘義務**がありますから、**危険を察知していても、そのことを警察にも伝えられないし、地域社会の皆さんにアラームを発することもできません**。精神科医としては、社会の安全にとって重大な事態が発生しているということに気づいています。このままいけば、誰かが犠牲になるかもしれないという悪い予感がしています。でも、ただ、指をくわえているしかありません。軽率に110番なんかしたら、今度は守秘義務違反に問われて、こっちが窮地に陥るだけです。

　この点は、地域住民の立場に立つ者からすれば、納得できないことでしょう。

●措置入院後の継続支援：目的は治療か、治安か？

　相模原事件後の平成28年8月21日に、塩崎厚生労働大臣は兵庫の事情を視察に行きました。**退院後のフォロー体制**を引き受けてこなかった国の問題だといった発言をしていました。

　しかし、**目的が治療なのか、治安なのか**。そこがポイントでしょう。厚

生労働大臣は、犯罪防止の責任は負っていません。大臣は、措置入院制度については一定の責任があるから、そういった発言をなさったのでしょう。でも、これは厚生労働省の管轄ではありません。退院後のフォロー体制を引き受けてこなかったことに一定の責任はあるかもしれませんが、それはあくまで精神保健上の責任のみです。

　相模原事件は、心の健康に関する事象ではなく、19人も殺害された刑事事件なのです。**社会の安全に対して責任を感じるべきは厚生労働大臣ではなく、法務省であり、警察**です。

　この事件では19人が犠牲になりました。戦後最大の大量殺人事件です。帝銀事件が12人、小平義雄事件が7人、大久保清事件が8人、池田小学校事件が8人、秋葉原通り魔事件が8人。つまり、**単独犯による犯行としては、相模原は犠牲者の数が突出**しています。この事実を失念してはいけません。あくまでもこれは殺人事件だということです。

　したがって、殺人事件の責任を厚生労働省が負うなどおかしな話です。**犯罪防止で主導的役割を担うのは、あくまで法務省と警察**です。重大犯罪を計画している人物にいかに対処するかは、刑事司法の問題であり、警備対策の課題です。**健康政策で刑事政策の代わりをすることはできません。**厚生労働省が法務省の仕事の代行をする必要はないし、そうすべきでもありません。

●地域社会のなかでモニターする

　今回本人が衆議院議長宛の手紙を出していました。犯罪を予告する手紙です。犯罪を予告している人を放置するわけにはいきません。しかし、犯罪を犯してもいないのに、逮捕はできません。

　この点について、平成28年8月のBSフジの「プライムニュース」[6-3] では、**古川俊治代議士が法律家の立場からコメント**していました。現行の刑

第六章　相模原事件、そして、事後の検証 ｜ 147

事訴訟法上でできることもあるし、さらに準司法的な手続きで対応できることもあるというのです。

その際、反町キャスターの「隔離するのか社会に復帰させるのか」との質問に答えて、「入院でもなければ、刑務所でもなく」とおっしゃっていました。

ということは、おそらく地域社会のなかでモニターしていくということでしょう。いわゆる社会内処遇を準司法的対応で行うというような意味だと思われます。

刑務所に入れたり、病院に入れたりして、身柄を拘束するよりも、社会に出て、自由に町を歩いた方がいい。要は犯罪を未然に防げればいいわけで、その目的が達成できるならば、**基本的人権の制限は小さければ小さいほどいい**。だから、社会内処遇を考えるべきだというニュアンスでしょう。

古川代議士は**「ドイツをモデルにした強い保護観察」**とおっしゃっていました。そこから先は、まさしく刑事政策の課題になると思います。保護観察、接近禁止命令、電子監視、地域通院命令など、もっと多様な対応法があり得ると思います。そういう具体策を提案することが刑事政策の仕事です。

●山東議員のGPSをめぐる発言

電子監視については、実は、平成28年7月28日に事件を受けて**自民党の山東昭子元参議院議員副議長が「犯罪予告者にもGPSを埋め込むことを検討すべき」**と発言しました6-4)。直ちに物議を醸しました。

ただ、この問題は、二つあって、第一は、犯罪を犯していないが、その恐れのある人に対して、司法が予防的な処分を行っていいのかということ、第二は、GPSという新兵器を導入することについてでしょう。

第一の問題は、刑罰とは異なる処分を導入するということです。**刑罰と**

は、過去の犯罪に対して応報として科すもの、処分とは未来の危険性に対して予防的に科すものです。その意味で、山東代議士の発言は一種の予防的処分、つまり保安処分と見ることもできます。

　保安処分というと、人権派の精神科医や弁護士たちがすぐ色めき立って、「保安処分断固反対！」といってから騒ぎを始めるのですが、じつは、将来の危険に対して予防的に科す処分というのは、民事のレベルではすでに行われています。典型的なのは、**配偶者暴力防止法**、通称**DV防止法**です。ここには、**保護命令**というものがあって、これは将来の危険に対して予防的に科す処分です。具体的には、**被害者への接近禁止命令、電話等禁止命令、同居の子や親族等への接近禁止命令、被害者の住居からの退去命令**などです。**ストーカー規制法**でも、警察署長が**「警告」**したり、公安委員会が**禁止命令**を出したりできます。これらも将来の危険性に対して予防的に科すものです。『日本大百科事典』は運転免許証の剥奪すら、保安処分と見なしています。

　これらに保安処分が行われる理由は、刑罰によらずしても予防の目的を遂げ得るからです。保安処分がなければ、刑罰以外の選択肢がなくなります。これでは、本人の更生にとっても、犯罪の予防にとっても、まったく無意味な制裁がくわえられるだけです。だから、司法制度の画一性を緩和し、無用の厳罰を避け、保安政策を少しでも人道的なものにするには、刑罰以外の処分も必要なのです。

　第二のGPSの導入については、諸外国は、とりわけ**性犯罪者**に対して積極的に導入しています。アメリカの多くの州、イギリス、フランス、ドイツ、カナダなどです。近いところでは、**韓国で2007年にGPS装着法**が成立して、すでに施行されています。**電子監視**とともに、**治療プログラム、夜間外出禁止、特定地域への立ち入り禁止、被害者への接近禁止**などの遵守事項を科すのです。

●措置入院はGPSよりはるかに悪質

　山東議員の発言については、インターネットなどでは**人権感覚を疑うといった強い批判**もありました。
　しかし、山東議員の人権感覚を批判するのであれば、そういう人権派の方にはどうかぜひとも措置入院という保安処分をこそ批判してください。措置入院のほうがはるかに悪質です。
　一方に、裁判所が適正手続きに則って、「あなたは危険だから空から監視する」と宣告して、電子デバイスを装着させて行う電子監視がある。他方に、裁判所による事実認定もないし、弁護士もつかない状態で、適正手続きは一切省いて、精神科医が密室の中で独断で判断して、「治療のため」と称して無期限の拘禁を行う措置入院がある。基本的人権の尊重という精神に則って、この2つのどちらが適切かを考えればいいでしょう。
　適正手続きという観点から見れば、当然、措置入院のほうが問題なのです。日本は国際人権規約を批准していますけれど、そのなかの自由権規約に適正手続及び公正な裁判を受ける権利というのがあります。措置入院は人権擁護のグローバル・スタンダードから見て、完全に逸脱しています。
　「治療のため」と称して、実質的には無期限に予防拘禁させているイカサマだらけの措置入院と、いったいどちらが人道的なのかという話です。「危険行為防止のため」と本人に率直に告げたうえで電子監視するか、「治療のため」と偽って逮捕監禁をだらだら続けるか。措置入院は予防拘禁であり、行動の自由を奪っている。一方で、電子監視は社会内処遇です。地域社会で生きる自由を与えています。どちらが基本的人権尊重かといえば、あきらかでしょう。
　もっとも、相模原のケースは、事件を起こす前に実行行為が一回もありません。配偶者暴力やストーカー規制法の場合、すでに配偶者暴力が行われていたり、ストーカー行為が実際に起こっています。ですから相模原の

ケースは、電子監視が制度化されていたとしても、難しかったでしょう。

しかし、すでに触法行為を何度も起こしていて、これからも起こす危険の高いケースについては、刑事政策の枠のなかで山東議員の提案を考えていくべきだと思います。「あなたの治療のためです」と称して病院を予防拘禁目的で使うような見え透いた欺瞞だけは、もうご勘弁いただきたいです。

●メディアのアナウンス効果

相模原事件の根本的な原因は、片道切符問題にあります。これを解消しないとどうしようもありません。病院から警察への情報提供の問題だともいえるし、警察に犯罪予防のためのアクションをとれる権限を与えなければならないという問題でもあります。

それにしても、**どうして、措置入院ばかりが問題にされた**のでしょうか。ここにはメディアのアナウンス効果がありました。本書の冒頭でも言ったことですが、**措置入院ばかりに焦点を当てたのは、メディアです。そこからすべてのボタンの掛け違いが始まりました。**

事件の直後に、メディアが措置入院を問題にした。その直後に塩崎大臣が動いた。大臣が動けば、それはニュースになる。記者としても大臣の動向を追わなければならなくなります。それに、「措置入院」という言葉がひとたび新聞で踊ると、もはや措置入院関係の事象は何であれ記事にせざるを得なくなります。大臣がどう語った、保健所関係者がどう語った、措置入院させた病院はどこだ、入院の判断をした医者は誰だ、退院させた医者は誰だ、そんな調子で、次から次へと記事になります。記事になるときは問題点を指摘しなければいけませんから、どうしても責任を追及する論調になります。メディアというものはそういうものだからです。

こうして、**「相模原＆措置入院」がメディアのキーワードになりました。**いったんこうなると、インターネットの検索語「相模原＆措置入院」でい

第六章　相模原事件、そして、事後の検証 | 151

ろいろな情報がひっかかります。**情報が流通するようになると、アナウンス効果が生じて、人々の意識・無意識のなかにいつのまにか、「相模原事件は措置入院が原因だった」というようなイメージが刷り込まれていく**のです。

● 都市伝説に確証を与えた山本レポート

　ある意味で、この過程は「都市伝説」というものがどのように作られていくのかを見るようです。インターネット時代にあっては、根拠のないデマがまことしやかに語られかねません。噂が事実のように語られてしまうのです。そういう矢先に、**人々の漠然としたイメージに確証を与えるように、山本レポート**6-5)が出ました。検証チームの報告書が出たわけです。こうして人々は、「やっぱり相模原事件は措置入院が原因だったんだ」と納得してしまったわけです。

　検証チームこそ、「事件の原因は措置入院にはない」という報告書を出せばよかったのです。検証チームは、自らの社会的使命をかけて、「措置入院では事件を防げない」「事件は措置入院が原因ではなかった」とする報告書を出せばよかったのです。

　でも、塩崎大臣が怒っている。検証チームの事務局としても措置入院の問題点を指摘する方針に決定した。そうなると、もう身動きは取れません。

　本当は、誰か側近が大臣を横から制止すればよかったのです。そもそも、塩崎大臣にしてみても、自分の任期中に検証チームが健康政策と刑事政策とを混同したおかしな報告書を出したということであれば、大臣の業績としてもマイナス評価になるはずです。法務省からしても越権行為のように受け止められかねません。

　結局のところ、山本教授を座長とする検証チームは、一所懸命、大臣のご機嫌をとろうとしたのだと思います。「お怒りをお鎮めください」という

一心で、措置入院の問題点を指摘する山本レポートを作ったのでしょう。

　当該医療機関は、被疑者の治療に責任を負った。そして、その責任は果たしたから退院させた。そして、相模原事件が起きた。メディアが「措置入院、措置入院」と騒いだ。でも、健康問題ならともかく、**刑事事件については、当該医療機関には何の責任もありません。**そもそも医療機関は、犯罪防止の責任を負っていません。責任を負っていない医療機関をメディアで公開処刑にかけることに何の意味があるのでしょうか。

　もちろん、ジャーナリストとしては、事件があれば記事にする。読者が関心をもつのならば、記事にする。それは報道の使命です。でも、その報道こそが偏向していたのではないでしょうか。**当該医療機関は過熱報道の被害者**です。何の落ち度もないのにメディアに叩かれ、世間にさらしものにされ、市中引き回しに処せられてしまいました。

　相模原をめぐる報道全体が「措置入院が問題だ」「精神科医に責任がある」という一点に集中して、新聞もテレビもすべてがその方向で動きました。こういうときに、一人でも「いや、これは警察の責任だろう」という人がいてもよかった。いてほしかったと思います。

●学会・学界の対応

　マスメディアとともに私が失望したのは、精神医学の重鎮たちの対応です。
　一応、**精神神経学会法委員会**は、平成28年8月29日付で**「相模原市の障害者支援施設における事件とその後の動向に対する見解」**[6-6]を出しました。でも、もっと早く、二の矢、三の矢を放つべきでした。
　それに「法委員会」の名ではなく、理事長とか理事などのフォーマルな肩書と固有名詞をもった人間が、自らの責任で積極的に発言するべきでした。名前のない「法委員会」ではなく、固有名詞を持った人間がメディアに対して発信するべきでした。その後、遅ればせながら、平成29年3月18

第六章　相模原事件、そして、事後の検証

日には武田雅俊理事長名で「精神保健福祉法改正に関する学会見解」6-7)が出されてはいます。

　おそらくは、なかなか、学会としてのコンセンサスを作れなかったのでしょう。事件の捜査が進み、検証チームの報告が出るたびに、間髪を入れずにコメントを出していくべきだったのです。

　この問題は、私自身は精神科医仲間たちと議論しました。特に、フェイスブックでつながっている友人たちとは、活発なやりとりがありました。精神科医、とくに措置入院というものに関わったことのある精神科医たちは、**「犯罪の責任を事後的に取らされる危険がある」**ということを知っています。だから、皆、当該医療機関をかばおうという思いでいたのでした。

　普段、おしゃべりで、テレビのワイドショーに出て浅薄なコメントばかりしているタレント精神科医がいるわけだけれど、当該医療機関に石を投げるような発言はしませんでした。彼ら、彼女らですら、精神科医という職業集団の一員であることを自覚していたし、リスクをはらみながら仕事をさせられているという意識は抱えていたのです。

●日本精神科病院協会のコメント

　ただ、日本精神神経学会の重鎮は「動かざること山のごとし」、この問題について見識を持っている人間がいなかったということでしょう。

　唯一、明快なコメントをだしたのが**日本精神科病院協会（日精協）**です。平成28年の9月に**山崎學理事長名で「相模原障害者施設殺傷事件に思う」**6-8)**というコメント**を出しました。ポイントは、**この事件は、医療モデルではなく、司法モデルで扱うべきであった**ということ、そして、本来は司法モデルであるべき案件を安易に医療モデルとすることで、精神科病院に責任を押し付けるべきではないということです。

　この意見は、私の見解とほぼ同じです。日精協は、私立病院の集合です

から、国公立以上に医療に特化しています。犯罪がらみのケースについては、そもそも診る義務もないし、診るべきでもありません。あくまで治療に専念すべき病院ばかりです。

ただ、措置入院という場合、相模原事件のように「他害のおそれ」のあるケースだけでなく、**精神障害ゆえに自傷のおそれ**のあるケースもいて、その場合、日精協の病院だって診なければいけません。でも、厚労省の検証チームが自傷も他害も一緒くたにして、簡単に退院させない仕組みを作ってくれた日には、「精神障害ゆえに自傷のおそれ」の患者を引き受けたことによって、病院機能が麻痺しかねません。

本来、**措置入院制度は、治療の必要のあるハイリスク患者を警察から医療へと方向転換する際に用いる、あくまで一時使用のバイパスにすぎない**はずなのです。それが、「支援計画」だの「調整会議」だののいかにもお役所的な手続きを作られてしまえば、本来の必要をはるかに超えて、入院が延長してしまう。実際には措置入院の対象となる患者の圧倒的多数は、善良な市民患者です。一時的に混乱して、自殺を図りそうになったから警察のお世話になったけれど、少し治療すれば冷静さを取り戻す。死にたくなったことはあっても、そもそも犯罪傾向なんかない。だから、そういう人はすみやかに地域社会で平和な生活を送っていただくべきだし、そうする権利だってあるのです。

でも、**措置入院制度に犯罪防止の役割を担わせた。その結果、すべての措置入院患者が犯罪者予備軍のように扱われることになったわけです。**これでは、そもそも「事件モノ」には関与しないはずの日精協としてはたまったものではないでしょう。

●措置入院はカフカの世界

患者さんにとっても、いい迷惑です。「死にたい」と口走ったら、突然警

第六章　相模原事件、そして、事後の検証

察に病院に連れていかれて、そこに何カ月も閉じ込められるなんて、たまったものではない。

　そもそも、措置入院という制度は、本人にしてみれば、**フランツ・カフカの『審判』のごとき世界**です。『審判』は、一介の銀行員が突然逮捕されて、わけのわからないうちに裁判が行われて、それなりに一所懸命抵抗しようとするのだけれど、全然通じなくて、結局、わけのわからないうちに処刑されるというストーリーです。

　措置入院の場合は、処刑はされませんけれど、カフカの『審判』に似た状況であることは確かです。要は、「死にたい」と言ったら、いきなりパトカーがやってきて、警察官に身柄を拘束されて、保健所に連れていかれる。そして、行ったことのない遠方の病院に連れていかれる。そこで会ったこともない医者が入れ替わり、立ち代わりやってきて話を聴いてくる。それに答えると、「保健所の職員だ」という人がやってきて、何やら難しい書類を読み上げて「入院だ」と言う。気が付いたら、誰もいない個室に閉じ込められている。措置診察をした医者と、入院担当医が別人だというだけで、患者さんにとっては結構なパニックです。責任の所在がどこにあるのかさっぱりわからないのです。

　しかも、「こんなのはおかしい」と言って抵抗すればするほど、「不穏・興奮状態依然続く」などとカルテに書かれる。医者や看護師がやってきて、「まあ、落ち着いてじっくり治しましょう」と言う。本人にしてみれば、何をどう治すのかもわからないが、抵抗したらますます監禁が延びそうな感じです。

　このカフカの世界が、今回の相模原事件検証チームのおかげで、退院はさらに延びることになるでしょう。もうすっかり落ち着いて、そろそろ退院させてくれるのかと思いきや、やれ「支援計画」だの、「調整会議」だののややこしい手続きを告げられるばかり。「支援計画」って誰を支援する計画なんでしょうか。「調整会議」って何を調整する会議なんでしょうか。「措置入院」って、何をどう措置するんでしょうか。「不服申し立ては精神医療

審査会へどうぞ」と言われても、「審査会」って何かのコンテストですか。審査委員に審査されるんでしょうか。とにかく、次から次へと、聞いたことのない謎めいた呪文みたいなことを言われても、理解できるわけないです。

結局、自分が巨大な迷宮に囚われている実感だけはある。複雑なお役所仕事のなかに閉じ込められて、自分がいつになったら自由の身になるかわからない。しかも、抵抗すればするほど、監禁は延長されていく。これは、完璧にカフカの世界だといえます。

●措置入院の濫用を防ぐ

措置入院は、警察から医療へのダイバートのための、一時使用のバイパスにすぎない。もし、そうとするならば、濫用されないような仕組みが必要でしょう。それがないから「裁判なき無期拘禁」になるわけすです。

一応、法の精神としては、濫用されないように、謙抑的な運用を推奨しています。それが、**精神保健福祉法の第29条**です。自傷他害のおそれがなくなったときには、**「直ちにその者を退院させなければならない」**という条文です。

相模原事件の時は、3月2日に退院しています。緊急措置入院の日から起算して13日目、措置入院の日から起算して10日目です。

10日もすれば、もはや自傷他害の差し迫った恐れはなくなって不思議はありません。ですから、当該病院は直ちにその者を退院させたのです。措置入院は、使い方を誤ると「裁判なき無期拘禁」になる。だからこそ、その必要がなくなったら直ちに退院させなければいけない。そういった法の趣旨を尊重して、正しく退院させたということです。

相模原の病院の場合、「直ちにその者を退院させなければならない」の「直ちに」を「数日以内」というふうに解釈して、早めに退院させたことに

第六章　相模原事件、そして、事後の検証

なります。確かに、この判断は高く評価されるべきですが、しかし、「直ちに」を「数日以内」とは解釈しない人もいるでしょう。「『直ちに』を『数日以内』と解釈せよ」なんてご指導は、行政はしていないのです。

ということは、**「直ちに」はいかようにも解釈可能**だということになります。数分以内、数時間以内、数日以内、数週以内、数カ月以内…。極論すれば、数年以内、数十年以内、数世紀以内…。つまり、「直ちにその者を退院させなければならない」とあるのに、その場合の「直ちに」の具体的な期間については何の指定もされていません。私は、ここを具体的に規定しておく必要はあったと思います。

●措置入院に日数制限を！

警察から医療へのダイバートのための一時使用のバイパスという点で措置入院に似ているのが、**警察官職務執行法第三条**です。これも一時使用にとどめるべきです。この法の場合、「第一条の2」で「目的のために必要な最小の限度において用いるべき」とされています。しかも、警職法の場合、「直ちに」などといったあいまいな書き方はしていません。「第三条の3」に「警察の保護は二十四時間を超えてはならない」とあります。具体的に時間が明記されています。

措置入院の場合も日数制限は必要でしょう。現行法では、具体的な時間、日数は条文には記されていません。24時間とはいかないでしょう。措置入院も、警職法第三条と同じく、警察から医療への一時的なバイパスです。警職法の場合、保護してから病院に引き渡すまでの期間ですから24時間でもいいですが、措置入院の場合、これからどんな治療が必要なのかの評価をしなければいけませんから、24時間は短すぎます。

では、評価には、どのくらいの期間が必要になるでしょうか。1日では無理です。「数日」から「数週間」というスケールでしょう。「数カ月」まで

は必要ないはずです。

　ひとつの考え方として、措置入院を「警察から医療への一時的なバイパス」とみなす場合、その**目的を「評価」に限定するという考え方**はあっていいと思います。「一時的なバイパス」ですから、「治療」までは担わなくていいし、担うべきでもないということです。措置入院では治療しなくていいから、次の治療につなげるための評価をすればいい。あとは、次の入院ステップに移ればいいとすればいいのです。

　その場合、次の入院ステップは、理想は、強制ではなく、**同意に基づく入院治療**です。**強制治療はやむを得ない場合にとどめるべき**でしょう。「治療」まで必要となると、「評価」以上に長い入院期間が必要になります。しかも、同意に基づかない強制治療となると、「治療の名の下での裁判なき無期拘禁」となるリスクが生じますから、そうなると、人権保護のためのセーフガードも「評価」の場合以上に厳しく設定し直さなければなりません。

●英国（イングランド）の制度と比べて

　それでは、「評価」のためとすれば、具体的にはどのぐらいの期間でしょうか？

　たとえば、**英国イングランドの精神保健法 Mental Health Act 83**の場合、**第2条の「評価のための入院」と第3条の「治療のための入院」とを区別して規定**しています。前者のほうが後者より短期間、その代わり、後者の方が前者より法的な規制は厳しいのです。これも、「等しからざるものは等しからざるように」の正義原理に基づいています。患者の人権制限の度合いが違えば、法的セーフガードにも違いをつけるということです。

　第2条の「評価のための入院」では、**期間は28日間に限定**されています。その間に、本人からの同意を得て、自由意志による入院に切り替えます。

　でも、それができない場合、次のステップに進んで、第3条の「治療

のための入院」を申請します。第2条から3条へは、それなりのバリアがあって、2条にはないものが3条には求められます。具体的には、正確な診断、詳細な治療計画、治療法の適切さなどについて、チェックが入ります。

　第3条の期間はどのくらいかといえば、こちらは当面は6カ月ごとです。第2条より長い期間になりますので、それだけ提出書類も多くなり、審査も厳しくなります。

　一方、日本の措置入院の場合は、期限がありません。一応、制度上は3カ月後、6カ月後、12カ月後というペースで書類を提出することが求められますが、形式的なものにすぎません。「なお依然として自傷他害の恐れがあり」というような定型文を書類に記しさえすれば、何回でも延長が可能です。

　そもそも「3カ月」という考え方自体が、措置入院の目的を大きくとりすぎています。治療を目的とするなら数週から数カ月単位、しかし、評価を目的とするなら、数日から数週で十分です。数カ月は長すぎます。数週以内に他の入院形式に切り替えるべきでしょう。それに「治療」だとしても、その「治療対象」が「精神障害」なのか「自傷他害の恐れ」なのか。「自傷他害の恐れ」を理由に数カ月も拘禁すれば、まさに保安処分そのものということになります。しかし、「治療対象」が「精神障害」なのであれば、措置入院の必要はありません。ランクダウンして、医療保護入院に切り替えるべきでしょう。こちらは、行政処分ではありません。

　措置入院は行政処分入院です。しかも、警察官職務執行法と直結して使われています。警察権力による「逮捕状なき逮捕」の後継を措置入院が担っているのです。となると、当然ながら、その期間については、明文化した上限を設けるべきです。

　しかも、上限を短くすべきです。それを上回るのならば、裁判所に関わっていただくべきでしょう。そのぐらいの厳しさがなければ、措置入院は濫用されます。でないと、本当に「裁判なき無期拘禁」になってしまいます。

残念ながら、今後は事態はその「裁判なき無期拘禁」の方向に進みます。悪くなる一方です。患者さんを退院させようと思って、「措置症状消退届」を出したら、「調整会議が不十分だ」とか「支援計画に不備がある」などと言われて不受理にされてしまいます。こうして、入院期間は意味もなく延びていくことになります。「許可がなければ入院を延長できない」ようにすべきだったのです。それが、今後は「許可がなければ退院させない」仕組みに代わります。

第七章
この国に生まれたるの不幸

● 精神保健法制の忘れ物

　100年前の1918年、精神障害者に対する法制度の不備を嘆いた**呉秀三**は、「我邦十何万ノ精神病者ハ実ニ此病ヲ受ケタルノ不幸ノ外ニ、**此邦ニ生レタルノ不幸**ヲ重ヌルモノト云フベシ。精神病者ノ救済・保護ハ実ニ人道問題ニシテ、我邦目下ノ急務ト謂ハザルベカラズ。」[7-1] という有名な言葉を残しています。

　今回、相模原事件をめぐって考えさせられたことは、これは法制度の不備が原因だということです。**法制度の不備こそが、患者さんにとっての「この国に生まれたるの不幸」の元凶**です。法制度は社会のインフラです。インフラが未整備なところで事件が起き、インフラを整備しないままに、現行制度でうわべだけ糊塗しようとして失敗している感じです。

　法制度に忘れ物があったことは間違いありません。これは、**中谷陽二筑波大学名誉教授**[7-2] が**「積み残し課題」**と表現していることですが、現行刑法はできたタイミングが悪すぎました。19世紀の諸外国の刑法を参考にして、1907年に作られました。その当時は、諸外国だって、**刑罰一元主義**、つまり、精神障害者であろうが、そうでなかろうが、刑事裁判で出せるのは刑罰だけだったのです。それで、日本の刑法もそういう立て付けにしてしまいました。

　ところが、ほぼそのころから、**責任に対して刑罰、危険性に対して保安**

処分という二元主義が国際的な趨勢になっていきました。

　二元主義が台頭した理由は、無用の厳罰を避けるためです。法を犯した人のなかには、刑罰を加えても犯罪予防の意味がない人たちがいます。逆に、刑罰のような残酷は方法でなくても、十分犯罪予防の目的を遂げる人たちがいます。そのために刑罰以外の方法を考えようではないかというのが二元主義の考え方です。もし保安処分という制度がなければ、刑事裁判所は刑罰以外に選択肢がなくなります。その結果、本人の更生にとっても、犯罪の予防にとっても、まったく無意味な刑罰がくわえられるだけになってしまいます。こんな融通の利かない刑事司法制度では意味がないので、少しでも人道的な方法はないだろうかということで、刑罰以外の処分が求められるようになったのです。

　それで、スイス、イタリア、ドイツと、諸外国は一気に二元主義にきりかえました。保安処分を採用していったわけです。日本も慌てて草案をつくりました。大正15年には早くも「刑法改正ノ綱領」が出されて、二元制が提案されています。でも、その後の戦乱で法改正が頓挫しているうちに、慌ただしく戦後民主主義の時代がやってきました。

　そして、先にも述べた警察官職務執行法改正反対闘争というものが激化します。その頃から刑事政策に関わる法改正はすべて戦前の治安維持法の復活のように見なす傾向が強まりました。そのようなプロパガンダを組んだのは野党勢力であり、背景に、野党勢力がそのように見なすことを必要としたという事情も預かっていました。実際、野党は刑事政策に関わる自民党の提案には、内容を精査せずに、判で押したように反対するのが慣例化しています。

　その後、学生運動が激化して、東大の精神科がその火種となりました。紛争鎮静化後は、大学病院の精神科で残り火が燃え続けました。その影響で、保安処分というものが、あたかも非人道的な刑事政策であるかのような、情報操作が行われてしまいました。

●無用の厳罰より必要な治療をこそ

　実際には、「刑務所ではなく、死刑台でもなく、病院で治療しましょう」という話ですから、それが非人道的であるはずがありません。それなのに保安処分に負のレッテルが貼られてしまったことは、以上のように現政権に不満を持つ人によるプロパガンダの結果にすぎません。反政府活動を継続したい人たちが意図的な情報歪曲を行ったのです。

　田原総一朗7-3)は「恥ずかしい話だが、**岸首相によって安保が改定されると、日本はアメリカの戦争に巻き込まれる**ことになると思い込んでいたのだ」と述懐しています。

　似たことは保安処分に対する精神科医たちの思い込みにも言えます。精神科医は、「**刑法が改定され、保安処分が導入されると、精神科医は刑事政策に巻き込まれることになる**と思い込んでいた」のです。大多数の精神科医は、そのように思い込まされてきました。そのような**情報操作を行った一部の保安処分反対イデオローグたちの責任は極めて重大**です。なぜなら、結果はその正反対で、「保安処分に反対したら、措置入院が保安処分化した」「**保安処分が導入されなかったから、精神科医は刑事政策に巻き込まれることになった**」のですから。

　ともあれ、あれやこれやの事情があって、刑事政策的に無為無策な状況が100年近く続きました。日本の場合、その後、新左翼のイデオロギーと結びついて、保安処分反対運動が起きてしまったけれど、これは情報歪曲がもたらした誤解に基づく反対運動であると考えていいでしょう。むしろ、意図的に誤解するように情報操作したといってもいいでしょう。国家権力に対抗するには、理由がいります。その理由として、「精神障害者への刑事政策」というトピックがいいように利用されてしまいました。

　しかし、法律の仕組みをよく考えもしないで、情報操作にまんまと乗ってしまった精神科医たちもだらしがなかったといえます。「よくわからない

けど国家権力反対！」と言って、みんなでお祭り騒ぎをした。でも、その結果、措置入院が保安処分化してしまいました。

●比較法学・開発法学の必要性

　精神科医の誤解を解き、国民の誤解を解くにはどうしたらいいか。
　それには、諸外国との**比較法学的研究**を行うことだと思います。それで日本の法制度がいかに未整備かを国民の皆さんにご理解いただくことが必要でしょう。
　開発経済学とか開発法学という学問領域があります。発展途上国がどうすれば先進国に追いつけるか、それを経済の側から研究するのが開発経済学であり、法制度の側から研究するのが開発法学です。精神障害者の刑事政策に関しては、開発法学的な視点から研究する必要があるように思います。なぜなら、日本はこの領域では先進国ではなく、発展途上国にすぎないからです。
　法制度一般についていえば、日本はアジア諸国のなかでは、ダントツの先進国です。だから、法制度を諸外国に次々に輸出しています。先進国の法制度を骨格にして、それを発展途上国の実情に合わせて法整備を考えるのが開発法学ですが、開発経済学と開発法学は当然オーバーラップします。日本はアジア諸国のなかでは、開発経済学のモデル国であるとともに、開発法学のモデル国でもあります。マレーシアのマハティール首相が「ルック・イースト政策」を掲げたように、アジア諸国は、基本的に日本をモデルにして国の法制度を作ろうとしてきました。
　でも、**日本は精神障害者の法制度に関しては、話にならないほど未整備**です。むしろ、法整備の失敗例として、アジア諸国の反面教師になることでしょう。
　日本は、一応は法制度を整備した先進国のはずです。でも、精神障害者

の刑事政策に関しては法治国家とはいえない状況です。どこかの大陸で、最近独立したばかりの聞いたことのない国ではないはずなのですが…。

●大衆民主主義と刑事政策

　それと、日本の場合、単純に発展途上というだけでなく、**法整備が完成する前に大衆民主主義が訪れてしまった**というのも大きいように思います。この点は、精神障害者の刑事政策に関してはいえるでしょう。他の政策に関しては、一応の法整備が終わってから大衆社会が訪れました。

　法制度が未整備で、そのために犯罪を犯した精神障害者にとって、人道上重大な事態が発生している。でもこれは、国家体制が押し付けてきたとはいえないと思います。新左翼系の論者がいうように、「**国家が障害者を弾圧している**」というわけでは全然ありません。

　むしろ、大衆社会の影響でしょう。「**危険な患者を簡単に退院させるな**」**という民意の盛り上がり**があって、それをメディアが煽り立てる。そうしたら、政治家が動く。政治家は民意を汲もうとする。当然、誰かの責任を追及したい。でも、刑事政策に該当する制度がない。一方で、おあつらえむきの制度が精神保健福祉法のなかにあった。「措置入院制度、これだっ！」、そうなってしまいました。それで精神科医バッシングが始まった。バッシングされた精神科医は、無抵抗なまま、ずるずると措置入院を事実上の保安処分にしてしまった。相模原事件後の検証チームの山本レポートは、こういうカラクリでできあがったのです。

　「逮捕状なき逮捕、裁判なき無期拘禁」というのは、とんでもない話です。でも、検証チームの誰一人としてそんな人道上許しがたい暴挙に出ている自覚はない。メンバーはみんなまじめに仕事をしているだけです。でも、結局、大衆社会の民意に押されて、政治家も、官僚も、刑法学者も、精神科医も、みんなで誤った行動をとってしまう。しかも、誰一人として

その自覚を持たない。これはおそろしいことです。

　日本の場合、これはドイツもそうだと思うけれど、近代社会の形成については後発です。でも、後発の有利さというものもあって、法制度や政治体制をいわば完成品として先進国から直輸入することができました。これをしたのが専門知識をもった官僚たちと学者たち、すなわち、テクノクラートでした。明治以降、テクノクラート主導で国を作ってきて、それがこの国の発展の基礎を作りました。しかし、その際に、うっかり作り忘れたのが刑法の二元制だったといえるでしょう。

　法というものは整備すべきタイミングで整備しておかなければいけません。あとから取り返しのつかないことが起きてしまうのです。

●森村誠一『悪魔の飽食』のインパクト

　私は、以前、**『生活習慣病としてのうつ病』**[7-4]という本を書いたところ、それを精神科医の友人であり、売れっ子作家でもある斎藤環さんが新聞で取り上げてくれました。そしたら、ただの専門書なのに予想外に売れて、その結果、私は何となく「うつ病の専門家」のようにいわれはじめてしまいました。

　これは計算違いでした。まさか自分が「うつ病の専門家」のようにみなされるとは思っていませんでした。うつ病については特別に研究しているわけではなく、一介の臨床医にすぎません。

　司法精神医学については、自分の専門のひとつのつもりですが、こちらはうつ病とくらべれば、そもそもマーケットが小さいのです。本を書いても売れません。

　たとえば、**犯罪者のプロファイリング**のような、犯罪オタク受けすることを書けば売れると思います。でもそれは自分の仕事ではないです。私はもともと過激なことや残酷なことは好まないたちだし、強引なことをする

のもされるのも好きではない。まったくもって「草食系」です。

でも、私は医学生時代に感じたのは、**「医者というものは結構強引なことをするなあ」**ということです。

18歳のとき仙台で一人暮らしを始めて、「さあ、医者ってどんな仕事をするのだろう」と思いました。それで、あれこれ読んでみました。ちょうど、そのころに森村誠一が『悪魔の飽食』[7-5]を出したのです。**大戦中の関東軍の731部隊**を題材にしたノンフィクションです。細菌戦に備えて人体実験を行ったという話でした。

読んで、腰を抜かしました。いやあ、「医者ってこんなことをするのかあ」と思いました。「これはまずいぞ。自分だってうかうかしていると巻き込まれるぞ」、そう感じました。

森村誠一は、プロの科学史家ではないし、ジャーナリストでもない。もとはといえば、推理小説家です。ですから、『悪魔の飽食』についてはその後信憑性について疑問が出されることはありました。資料の扱いが雑だとか、取材のウラを採れていないとかいった点です。ただし、ベストセラー作家が突然、大戦中の人体実験をとりあげたので、大変な話題になりました。

●医学は有事にあっては濫用される

森村の功績は、国民の眼を731部隊に向けさせたことでしょう。細かい検証作業は、あとで科学史家たちがつめていけばいいのです。ともあれ、『悪魔の飽食』で理解したことは、**医学というものは**元来、平和産業であって、人様のお役に立つ仕事だけれど、**有事にあってはとんでもない使われ方をされる**ということです。

731部隊の一人一人の医学者たちだって、それなりに志のあった人たちのはずです。それがいつのまにか人体実験に巻き込まれていく。

その関連で人体実験について調べてみたら、驚くべきことに自分の入学した大学にもありました。70年代に発生した医療過誤事件なのですが、遺族側が「人体実験だ」といって裁判で争ったという事例です。
　「これは、とんでもないおそろしいところに入ってしまった！」と思いました。それでとにかく、できるだけ人体実験だの、軍需産業だのに関わる必要のなさそうな進路を探すようになりました。何も考えないでいると巻き込まれると思いました。公衆衛生なども、一度は考えました。とにかく、国家とか、大学とか、アカデミズムとかいった恐ろしげなものから距離を取りたかったのです。
　それで、「医学と国家」とか、「患者と医師」とか、医学・医療の社会背景を考えるようになりました。そういうことを、医学部の講義をサボりつつ、自然と勉強するようになりました。人権のことも知っておきたいと思いました。
　このテーマでのグローバル・スタンダードを一応勉強しておこうと思って、**アムネスティ・インターナショナル**の社会人グループで下働きさせていただいたこともありました。アムネスティは、党派性のない人権団体ですが、入ってみてわかったことは、中心メンバーは全共闘世代ばかりでした。**学生運動の過激さに幻滅を感じて、もう少し穏健な形で一市民として社会に関わりたい**という人ばかりでした。私は最年少で、かつ、唯一の学生でした。「医学生なんだから英語は得意だろう」と言われて、英文手紙の作成を引き受けることになりました。タイプライターを使って英文を打つようになって、ブラインドタッチを覚えました。

●とりたくなかった精神保健指定医

　卒後は、精神科医になりました。おかげで、実験的な医療に関わらなくて済む点は、よかったと思います。ところが、**精神科の場合は、強制入院**

第七章　この国に生まれたるの不幸

というものがあるのです。これは、基本的人権の制限そのものです。

　自分は、なにしろ「草食系」です。精神科医になってみても、どうしても強制治療が好きになれない。隔離・拘束も、強制入院も、電気けいれん療法も、精神科医になった以上関わらざるを得ませんが、どうにも気が進まない。

　そもそも薬物療法だって、そんなに好きではありません。最小限に勉強して、最小限に処方しているにすぎません。私は、『うつの8割に薬は無意味』7-6)なんて本を書いているぐらいですから、薬物療法には全然情熱をかけていません。日本一薬を使わない精神科医であるといっていいでしょう。それでも多少は薬を使います。

　ただ、患者さんを縛ったり、閉じ込めたり、無理やり入院させたり、電気ショックをかけたり、そんなことがしたくて精神科医になったわけではありません。もちろん、精神科医になった以上、それらの「強制」治療も、必要悪として行なわければならないという事情もわかりました。でも私は、これらが精神科医のメインの仕事だとは思えませんでした。そもそも、薬物療法すら、精神科医の本来の仕事ではないと思います。

　でも、精神科医の圧倒的多数は、そういうことこそ精神科医の仕事だと思っているようでした。私は、そもそも医学部のなかでも違和感を感じていて、それで精神科医になったのに、次第に精神科医のなかにいても違和感を感じるようになりました。

　最も違和感を感じたのが、**精神保健指定医という資格**に関してです。この資格は、医師になって5年目頃に取得する資格なのですが、なんのためかというと、**強制治療や隔離・拘束にかかわる資格**です。私が一番嫌いな仕事です。それで、同世代の仲間たちが皆、指定医を取得しているのをしり目に、あれやこれやの理由をつけて先延ばしにしてきました。

　結局、卒後10年以上して、長い逡巡の末に、やっと諦めて、指定医資格をとることにしました。留学から帰ったあとです。逆にいえば、イギリス留学時代はまだ精神科医として一人前ではなかったのですが、そもそも、

そう言われることがとても不満でした。**精神保健指定医でないと一人前ではない**という考え方に抵抗したかった。しかし、日本の現状では無理でした。指定医になって初めて精神科医として一人前です。

　それでも、**この資格は保安目的に濫用されるリスクがある。**そのことは最初からわかっていました。

　帰国して、あわてて指定医を取って、岩手県で指定医としてスタートしましたが、これは幸いでした。岩手県は措置入院の適用に関して、謙抑的なのです。これが都市部なら2015年に関しては、東京で1704件、神奈川で730件、最小は徳島で13件。岩手の場合、正確な数はわかりませんが、年間、3ケタになることはありえない。これは岩手が遅れているからではなく、措置入院を新規に申請することに控えめなのです。こういう控えめな使い方こそが正しいのであって、都市部の方が間違っていると私は思います。

●強制治療は最小限にすべき

　私は、すでに精神保健指定医として、措置入院にも、精神科救急にも手を染めています。それでも、これらは精神科医としての本来の仕事ではない。精神医学における「強制」は例外的なケースにとどめるべきです。強制治療は、あくまでも必要悪であり、最後の手段であり、他に代わりえる方法があるのなら、そちらを採るべきなのです。

　都市部の県立病院、都立病院の院長たちは、自分たちの都道府県において、措置入院の件数が多いことを誇らしげに語ります。「自分たちはこんなにも頑張っている。田舎の病院はのんきでいいねえ」とでも言いたげです。

　でも、私は、措置入院の件数が多いことは誇らしいことではなく、むしろ恥ずべきことだと思います。措置入院という制度が濫用されている結果にすぎません。

　なぜ、**都市部の件数が多いのか**。それは、**警察官職務執行法第3条経由**

のケースをとりすぎているからです。警職法といえば、警察権力のあらわな行使です。「逮捕状なき逮捕」であり、それ自体に人権上のリスクがはらまれています。その後釜を精神科医たちが引き受けるのが、措置入院です。「逮捕状なき逮捕」のあとに、「裁判なき拘禁」を行うのが措置入院です。こういうことは、本来例外的なケースに留めるべきなのです。でも、その例外が常態化している。警察から強引に引き渡される患者を強制的に入院させることが、ルーチンのように行われている。これは、制度濫用の温床になっていると思います。

　これこそ、「予防拘禁としての措置入院」「保安処分としての措置入院」だと思います。**まともな事実認定もせず、裁判所の許可も得ず、弁護士もつけない状態で、ウラも取れていない情報をもとに、精神科医がわずかな時間で判断して、予防拘禁を決定する**わけです。しかも、期限は無期限です。こんなことが許されていること自体、アンビリーバブルな話です。

●刑事政策は精神科医をして医療に専念させる

　私が**措置入院の保安処分化には反対**というのはご理解いただけたと思います。措置入院のような純然たる医療制度を保安処分化すれば、その結果として精神科医に過大な治安責任が課せられ、医療に専念することが難しくなるからです。それでは、それを避けるためには新しい制度が必要だと思います。どうすればいいでしょうか。

　刑事政策のなかに精神障害者に対する制度を設けることです。そして、警察が治安を担当し、裁判所が対象者の人権を擁護し、無意味な拘禁を避けることが可能な制度を作ればいいのです。このような制度のことを「保安処分」と呼ぶのですが、残念ながらこの言葉は、今や、完全にスティグマがついてしまいました。

　**本来、保安処分とは、ネガティブなニュアンスなどもっていませんでし

た。刑事政策を人道的なものとするために、刑務所や死刑台によらずしても、犯罪防止の目的を遂げるのなら、その方法を採ればいいという考え方です。つまり、犯罪の予防と本人の利益の双方を実現する制度として、考えられてきたものです。この制度は、刑事司法機関にとっても、精神科医にとっても、双方に大きなメリットがあります。刑事司法機関にとっては、無用の厳罰を避け、刑罰に代わる処遇を可能ならしめるということです。

それ以上に重要なことは、精神科医療に対しての効果です。この制度は、**精神科医たちを、その本務である医療に専念させる**ことができます。決定権を裁判所が担うことが明確にされていますから、当然ながら責任の所在も裁判所です。だから、治安責任は、刑事司法機関が担うことになりますから、後で事件が起きた時に精神科医が非難されることはありません。もっぱら、刑事司法機関の判断が非難されることになります。すなわち、治安責任はそれを担うべき機関が担うということになります。

つまり、**精神科医にとって、保安処分はいいことづくめの制度**であり、反対するべき理由はどこにもありません。治安責任は警察・検察にとってもらえばいいし、対象者の人権上の保障は裁判所が引き受ける。自分たちは治療を担当すればいいだけです。

しかし、精神科医は、過去半世紀にわたってこのような保安処分のメリットというものをまったく知らされずに来ました。それどころか「医者が裁判官に支配される」「医療に治安政策が持ち込まれる」と思ってしまいました。精神科医に治安責任を取らせないために保安処分という制度が提案されたのに、精神科医たちはそれを正反対にとらえて、**保安処分を承認すれば治安責任を取らされる**と曲解してしまいました。

●精神医学界の混乱と学生運動の終焉

精神神経学会が保安処分反対活動を始めて半世紀になりますが、この間、

第七章　この国に生まれたるの不幸

精神科医は「**保安処分に賛成したら最後、治安に巻き込まれる**」と思い込まされてきました。事実は逆で、保安処分がないからこそ、精神科医は治安責任を取らされてしまうのです。今回の相模原事件は、そのことを象徴する事件でした。何かあったら措置入院の制度が批判される。そして、批判にこたえようとすれば、措置入院はおのずと保安処分化するのです。

　精神科医たちは半世紀騙され続けてきたといえます。では、何が精神科医をだましてきたのか。これは、1969年から1970年にかけて、**精神医学界の混乱と、大学紛争の終結が重なった**という事情があります。その結果、左翼系の精神科医と左翼系のメディアが情報を歪曲して伝えてきました。保安処分を許せば、日本は治安維持法体制と同様の厳しい思想統制が行われるといった、根も葉もないデマをまき散らしたのです。

　実は、**精神神経学会、つまり、精神科医たちの最大の学会は、1969年までは保安処分に賛成**していました。ところが、1969年に金沢で開催された精神神経学会が大荒れに荒れました。同年の1月には東大安田講堂事件があり、機動隊が突入してようやく終息したばかりでした。東大安田講堂で鬱積したエネルギーを発散させるかのごとく、学会では若手医師たちが激しい告発運動を展開しました。罵声と怒号が飛び交い、机が倒れ、椅子が宙を舞う中で、「医局講座制打倒！」「学会認定医制度反対！」「学会全理事不信任！」などと叫び、そのついでに刑法改正についても「保安処分断固反対！」と言い始めました。翌年、精神神経学会は正式に学会としての反対意見を表明しています。

　この精神科医たちの動きに追い風を送ったのが、70年安保で挫折した新左翼の活動家たちです。すなわち、精神神経学会の混乱に乗じた若手精神科医と挫折した新左翼運動の闘士たちとが合流して、反体制運動としての、あるいは反国家闘争としての保安処分反対運動というものが始まったのです。

●左翼系メディアの偏向報道

　左翼系メディアが保安処分反対に追い風を送ったのも大きかったように思います。今をさかのぼること、60年前。つまり、精神神経学会の保安処分反対決議にさかのぼること10年、1958年に警職法改正反対闘争というものがありました。すでにこのことは何度か触れています。この際に、社会党、共産党、総評、さらにはその後の学生運動の主体となる全日本学生自治会総連合（全学連）が一斉に反対闘争を始めました。その際に、彼らは警職法改正が戦前の治安維持法の復活につながるという主張を行いました。そして政府自民党、とりわけ、時の宰相岸信介を反動政治家と決めつけるキャンペーンを行いました。その結果、勝利し、警職法改正案を廃案に追い込むことに成功しました。

　左翼系メディアはこれですっかり味をしめました。これ以降、政府が刑事政策に関する提案をしてきたときは何であれ必ずそれを政争の具につかい、**判で押したように「戦前の思想統制への回帰」**だと主張するようになりました。そして、保安処分に関しても、思想犯に対する予防拘禁を目的とする制度だと言い出したのです。

　折あしく、当時、ソビエト連邦では反革命分子とみなされた人々が次々に投獄されたり、拷問を受けたりしていた時代でした。**アレクサンドル・ソルジェニーツィン**が『**収容所群島**』[7-7]というルポルタージュを書いて、1970年にノーベル賞をもらったりしました。ですから、刑法改正に関わるあらゆる提案を思想統制だと曲解したとしても、無理はありません。

　しかし、その後、対象を限定する過程で、保安処分は政治目的ではなさそうだということになった。そうなると今度は、この制度が精神障害者一般に対する偏見を煽るとか、精神障害者一般に対する予防拘禁だという主張がなされるようになりました。ここまでくればもはや牽強付会そのものであり、反対運動を継続させるための屁理屈にすぎません。「保安処分反

対！」を叫んでいた人が、今さら引っ込みがつかなくなって、仕方なくそういう理屈を考えだしたのでしょう。

ともあれ、本来ネガティブな含意をもっていなかった「保安処分」という言葉は、これですっかり「汚れ役」になってしまいました。「保安処分」の「ほ」の字でも聞けば、すぐ「戦前の治安維持体制」「収容所群島」「全精神障害者の予防拘禁」といった言葉が連想されるようになりました。

●左翼系メディアの勉強不足

その一方で、「保安処分は危険だ」と主張する人たちは、ジャーナリストにせよ、精神科医にせよ、法律の仕組みをまったく理解していません。これまで提出された保安処分草案は、いずれも裁判所が下すものであり、行政とは独立した司法機関が対象者の人権に対する責任を負うことが明記されています。その一方で、措置入院は「逮捕状なき逮捕、裁判なき無期拘禁」です。**制度として悪用されるリスクが高いのは、裁判所による保安処分ではなく、行政単独で行う措置入院の方**なのです。

しかし、左翼系メディアというのは本当に困ったもので、自分では「正義の味方」のつもりでいます。しかし、あふれんばかりの正義感も、それが知識の裏付けを欠いておれば、なんの意味もありません。だから、勉強不足の左翼メディアときたら、刑法改正に関わることは何でもかんでも「戦前の治安維持体制への逆行」と主張して悦に入っています。

その一方で、措置入院という制度の問題点など、誰一人として取り上げてくれません。実際には、措置入院は「裁判なき無期拘禁」ですから、裁判所が権力の暴走にブレーキをかけることができません。したがって、行政の胸三寸で事実上無期限の拘禁が可能となります。山本レポート7-8)はこのような措置入院の制度としての脆弱さを利用して、そこに「調整会議」だの「支援計画」だのの簡単には退院させない仕組みを追加しました。こうして

「精神科医の、精神科医による、国家権力のための予防拘禁」が制度として完成しました。でも、左翼系メディアはこの点を全然批判してくれません。

残念ながら、私どもからすれば、左翼系メディアというものは「正義の味方」を自称しているくせに、いざとなったら頼りにならない、まさに体制迎合的なメディアにすぎないように思えます。**左翼系メディアが権力のプードルでないのならば、措置入院問題についてもっと積極的に取り上げるべき**です。

●放送禁止用語のようになった保安処分

制度としての保安処分は、反対闘争を展開するまでもなく、とうの昔に実施されています。たとえば、**運転免許証の剥奪**であり、これは将来の危険運転を予防するための保安処分です。**配偶者暴力防止法における保護命令、ストーカー規制法における禁止命令**等も保安処分です。これらに保安処分が行われる理由は、刑罰によらずしても十分に予防の目的を遂げ得るからです。ほかにも、保安処分と等価の制度はあって、**売春防止法の補導処分**はその一例です。精神医学領域においては、精神保健福祉法の措置入院、医療観察法の入院・通院処遇だって、事実上の保安処分といえます。

保安処分はこのようにすでに実行されているとはいえ、用語にスティグマが付きすぎていることも確かです。放送禁止用語のようになってしまいました。今後、新しい法制度を作るときには、「保安処分」とは別の呼称が必要でしょう。

●来るべき法制度

特に、新しい制度を作る際には、それが**刑罰でなく治療を**、「施設内処

遇」でなく「社会内処遇」を、入院処遇だけでなく通院処遇を、といった理念を強く打ち出す必要はあるでしょう。最後は失敗におわったけれど、保安処分反対運動の当初の志は大切にしていいでしょう。つまり、精神医学は患者の地域生活を支援するためにあるのであり、施設内に拘禁するためにあるのではないということです。

　私としては、特段、保安処分反対派たちに花を持たせたいわけではありません。保安処分に反対したら、結果として精神医学が治安維持のために使われてしまいました。その場合、現に措置入院が予防拘禁目的に使われているという事実に向き合わなければいけません。だから、措置入院の保安処分化を避けるためにこそ、適正な手続きを制度化しましょうということです。

　具体的には、**第一章総則**で法の目的を言うときに、**社会復帰が主目的**なのだということは打ち出すべきでしょう。施設内処遇は、最小限、最短期でないといけない。そういう**謙抑主義的な理念**がなければ、国民の理解は得られないと思います。

　そして、「心神喪失者等社会復帰支援法」とか、「心神喪失者等地域医療促進法」のようなコンセプトがいいかもしれません。そして**施設内処遇から社会内処遇への可及的早期の移行を謳うべきでしょう**。

　来るべき制度を考える際には、2005年に施行された心神喪失者等医療観察法は貴重な実施経験といえます。非常な難産でしたけれど、ともかく大きなトラブルもなく動き始めました。これは諸外国の失敗から学べたからです。後発ゆえの有利さだと思います。

●公共の福祉と人権の保障

　今後、法の書き出しはどのようにすればいいでしょうか。ここで理念を謳うわけです。例えばこんな感じでしょうか。

「この法律は、心神喪失等の状態で刑罰法令に触れる行為を行った者に対し、公共の福祉の維持と個人の基本的人権の保障とを全うしつつ、その地域社会での適切な処遇を決定するための手続等を定め、継続的かつ適切な医療並びにその確保のために必要な観察及び指導を行うことによって、その病状の改善及びこれに伴う同様の行為の再発の防止を図り、もってその社会復帰を促進することを目的とする」

という感じでしょうか。

なんだか冗長で、これ以上ないほどの悪文です。でも、法の目的の第一に社会復帰を置くことは大切だと思います。従来の保安処分の汚れたイメージを払拭しないといけません。

そこでは**「医療」**と**「社会復帰」**がキーワードになります。それにくわえて、**「公共の福祉」**と**「人権の保障」**というタームも必要でしょう。つまり、**これが刑事政策なのだという位置づけ**は必要だと思います。つまり、新しい法律は、国民全体に奉仕するものだということです。主権者たる国民と、同じく主権者たる患者さんとの双方のために役に立つ制度でなければなりません。患者も主権者だが、それ以外の国民もまた主権者です。したがって、患者のこころの健康と公共の福祉の維持との両立こそが課題となります。公共の福祉が脅威にさらされれば、患者は地域から孤立し、結果としてこころの健康は損なわれてしまいます。ですから、患者のこころの健康と、公共の福祉との調和が、来るべき法の目指すべき方向と言えるでしょう。

新法を精神保健制度のなかにではなく、刑事政策のなかに位置付けることは重要です。措置入院制度の場合、刑事政策を目的としていないものを、その目的で濫用した。その結果、本来、こころの健康のための制度が「逮捕状なき逮捕、裁判なき無期拘禁」となってしまいました。大失敗でした。失敗から学ばなければなりません。この失敗をふまえて、刑事政策であることを明確にしたうえで、制度的なセーフガードを作らなければなりません。

> ●精神科医に「癒し系」の話だけを求めてもらっても困る

　私は、自他ともに認める草食系精神科医です。強制治療も、隔離・拘束も、薬物療法すら好きではありません。精神科医の本務は、強制治療にあるわけでもなければ、隔離・拘束にあるわけでもない。薬物療法や電気けいれん療法など、あくまで補助的な手段にすぎません。薬なんかにたよるのではなく、精神療法や生活習慣指導こそが、精神科医の本務だと私は考えています。
　そうなると私のことはソフトなイメージでとらえている人が多いようで、そのせいか、精神科医仲間だけでなく、臨床心理士や看護師、保健師のなかにも、私に近づいてくる人がふえてきました。
　ところが、この人たちは、私が一方で精神鑑定のような、いささか激しい仕事を行っていることも知らないし、法制度や刑事政策に関して強い意見を持っているということも知りません。そんなとき、非行臨床、つまり、少年院や少年鑑別所などの矯正施設で働く女性たちを中心とした研究会に呼ばれました。
　私は、精神鑑定の濫用の問題や、保安処分の制度上の欠陥について話しました。そしたら、一気に引かれてしまいました。ある女性には、「井原先生がこんな話をするとは思ってもみなかった」とすら言われました。
　これには参りました。私には「もっと少年・少女によりそう話」をすることが求められていたようです。
　私は、「傷ついたこころにやさしくよりそう」ことも必要だと思います。ただ、そのためには、それが可能なように、制度的な条件を整えるべきだと思います。制度について意見を述べると、それが「ひとりひとりによりそっていない」とみなされてしまったようです。実際、私は求められれば、そのような話をすることもできます。何しろ、膨大な数の少年・少女たちを診ていますし、そんじょそこらの生半可な臨床心理士や、家裁調査官な

どとは比較にならない臨床経験があります。

でも、私に対して「癒し系」の話だけを求めたがっているような、こういうグループにはもう近づかない方がよさそうだと思うようになりました。この人たちの誤解を解く努力をすることは、時間の無駄に思われました。

それにしても、柔らかい感受性を満たすような、「癒し系」の話ばかり求めたがる人たちは、一方に殺人があり、強姦があり、放火があるという現実も知るべきです。さらには、強引な警職法保護があり、欺瞞だらけの措置入院があり、偽善に満ち溢れた山本レポートがあるということも知ってほしいと思います。

しかし、**現実を直視しようとしない癒し系の人たちこそが、「この国に生まれたるの不幸」の元凶となっている**。その点は、この人たちも、保安処分反対主義者たちと似ているようにも思います。

●草食系だからこそ、肉食を強いられるのは耐え難い

私は草食系の精神科医なのに、本書のテーマは草食系に似つかわしくない内容に思われたかもしれません。しかし、**草食系だからこそ、肉食を強いられるのは耐え難い**ということです。心の健康に奉仕するのが精神科医の仕事。治安維持は本来の仕事ではありません。だからこそ刑事司法機関に当然の責務を担わせよということです。

保安処分に反対することがリベラルの象徴であるような時代は終わりました。それどころか、保安処分反対を主張する人たちこそが、まさに頑迷固陋にして旧套墨守。ただひたすら旧弊旧態を護持することに情熱を傾けています。確かに、かつては、保安処分に反対することがリベラルな精神科医として当然であるかのようなイメージがありました。「**保安処分反対派にあらずんば、精神科医にあらず**」という感じです。**進歩的な外見を装いたければ、「保安処分反対！」と叫んでいればよかったわけです。**

第七章　この国に生まれたるの不幸

そういえば、**進歩的文化人**と見なしてほしければ、**「人間疎外」**とか**「主体性の回復」**とかのお題目を唱えていればよかった時代がありました。遠い、遠い、昭和の昔です。もう平成になって30年。その平成も終わります。しかし、精神医学はまだ昭和なのでしょうか。「保安処分反対！」と叫んでも、まだ通用すると考えているのでしょうか。

●保安処分反対イデオロギーの終焉

　保安処分反対派の刑法学者山本輝之教授が座長を務めて検証チームを作ったら、措置入院から簡単には退院させられない手続きが提案されました。「保安処分反対！」を叫んだ結果、措置入院が保安処分化したのです。保安処分反対イデオロギーの行きつく先は、「裁判なき無期拘禁」でした。措置入院は、いよいよ「精神科医の、精神科医による、国家権力のための予防拘禁」と化しました。こんな措置入院に誰がしたのか。保安処分反対主義者です。保安処分反対イデオロギーを振りかざした結果が、このありさまなのです。イデオロギーはオウンゴールに終わりました。「保安処分断固反対！」と叫び続けて半世紀。その最終答案は、おぞましいことに、「措置入院の保安処分化」だったのです。

　社会学者の**ダニエル・ベル**が『**イデオロギーの終焉**』[7-9] を著したのは、1960年でした。彼は「日本語版への序文」でこう書いています。「『**イデオロギーの終焉**』とは、政治における狂信主義と絶対的信念の終わり」だと。

　ベルは主として階級闘争のイデオロギーを論じましたが、これは結構グローバルな現象でした。一方で、**保安処分反対主義というものは、諸外国のどこにもない、日本だけの奇矯なイデオロギー**でした。狂信主義であり、絶対的信念であったことは確かです。唱えている本人たちすら、それが何を意味しているのかわからないが、わからないことを絶対的な確信をもって強く主張していた。実に不思議なイデオロギーでした。保安処分に反対

し、国家権力に対峙する自分自身のあまりの格好良さにうっとりしすぎてしまって、「保安処分とは何か」という最も大切なことを、実は誰もまともに考えていませんでした。

かつて進歩的文化人としてふるまった人たちは、後年、自家撞着を厳しく指弾されました。保安処分反対派たちも、今後は批判にさらされるでしょう。

ただ、どうであれ、かつて彼らがやってきたことを、あえてやり返す必要はないでしょう。宗教裁判、異端審問、糾弾集会、公開処刑…、もういいです、こんなことは。これでは新たなイデオロギー論争を勃発させるだけです。不毛です。

幸か不幸か、保安処分反対主義者たちはもう高齢者です。総括もいりません。自己批判も結構です。どうか静かに表舞台から去ってください。それで十分です。

●障害者とともに生きる社会のために

私ども精神科医は、あくまでシビル・サーバントです。**国民全体の奉仕者**であって、一部のファナティックな人にのみ奉仕する者ではありません。私としては、最終的には、**国民の皆さんの指示する通り**に動きます。国民の皆さんのご支持があってこの仕事を続けさせていただいているのですから、皆さんにご理解いただけないことを強引に行いたくはありません。

今後、世論の動向も変わってくるでしょう。おそらくは、**精神障害者のための刑事政策**をいよいよ作ろうとなったときに、お決まりの反対運動は当然起きるでしょう。左派のメディアは、「これでは思想統制だ」「これでは戦前の治安維持法体制への逆行だ」といった陳腐な批判を展開するでしょう。

ただ、国民の一部には、保安処分反対イデオロギーの誤謬に気付いてい

第七章　この国に生まれたるの不幸

る人もいます。保安処分反対主義の精神科医たちは、法的知識が欠落していたせいで勘違いに気づかず、合理的な根拠もないままに強引な主張を続けてきました。刑事制度を誤解し、司法の役割を誤解し、誤解に基づく的外れな非難を刑事政策に対して浴びせてきたわけです。

　おそらくこの点については、刑法学者たちが時期をみて適切な批判を行っていくでしょう。長い間、保安処分反対イデオロギーが精神医学の公式見解のように見なされてきていたけれど、国民のなかにも、精神科医のなかにも、「どうもおかしいぞ」と思っていた人は大勢いた。そういうときに、刑法学者が精神科医たちの制度理解にごく初歩的な誤解があったことを指摘することでしょう。

　精神科医たちは、これまで適正手続きを欠いた予防拘禁を擁護して、適正手続きに基づいた制度改革を批判するという、とんでもない誤謬を犯してしまいました。裁判なき予防拘禁を自ら進んで執り行い、その一方で、裁判に基づいた予防拘禁に「断固反対！」して喜んでいた。そして、「国家権力と対峙する！」などという立派な演説をしていたのですから、まさに喜劇を演じていたわけです。

　しかし、精神科医だって、法治国家の成員です。国民から託された任務を執り行う立場です。当然、その行動は法による拘束を受けます。制度に順じ、国民に仕える立場なのですから、正当な根拠を欠いた非合法拘禁を擁護してはいけません。保安処分反対イデオロギーは、精神医学史上の大失態といえるでしょう。

　私としては、世論が変わるときのために、比較法学的な勉強もしておこうと思っています。諸外国の法制度の研究です。それもまた、来るべき時代にそなえることになるでしょう。

　私が学生時代、保安処分反対勉強会と称するものに行ってみたのは、1980年代半ばだったと思います。あれから、もう30年以上もたってしまいました。私の医師人生もとっくに折り返し地点を曲がっています。

　こうなってくると不思議なほど、自分のことなどどうでもよくなってき

ます。自分というものに、夢や希望を抱く時代はとっくに終わっています。少しでも人様に喜んでもらって、それで死ねたら本望だと思えるようになってきました。

　来るべき次世代の国民の皆さんのために、障害者とともに生きる社会を作るにはどうすればいいか、本書が少しヒントになればと思っています。

おわりに

　本書執筆の動機は、本当は学会で議論したかったが、それが許されなかったという事情にありました。私は、平成29年名古屋で開催された「第113回日本精神神経学会学術総会」に、シンポジウム「精神医学と社会秩序——相模原事件と措置入院をめぐって」という企画を組みました。申請したところ、却下されました。

　相模原事件が起きたころから、私はこの事件によって社会不安が生じ、病院が代用監獄として使われ、措置入院が予防拘禁目的に濫用される危険が大きいと思っていました。マスメディアがこぞって措置入院の問題を取り上げ、次第に、相模原事件の原因が措置入院にあるという雰囲気が醸成されていきました。市民の不安に影響されて、厚生労働省の検証チームが結成され、悪い予感通り、もっぱら精神科医療に責任を転嫁する山本レポートが作成されてしまいました。

　しかし、犯罪防止の責任を精神科医療に帰すべきではありません。私は、自分にできる限りの言論をもってこの状況に抗いたいと思いました。それで、平成28年8月22日のBSフジテレビ・プライムニュースにても「お医者さんはおまわりさんではありません。病院は留置場ではありません」と主張しました。日本経済新聞前村聡様、読売新聞大阪本社原昌平様にお願いして、それぞれ、同年10月17日に「措置入院後警察に戻す経路を」、同年10月28日に「相模原事件と精神科医療」と題する論説を掲載いただいたこともありました。さらに旧知の岩波明教授（昭和大学）にメールを送り、「このままでは精神科医療は荒廃する。精神科医は国民の監視者として危険人物の拘禁を強いられる」と伝えました。

その後、原編集委員、岩波教授のお二人から「精神神経学会で議論する場を設けましょう」との提案をいただき、お二人に加えて、検証チームの主要メンバーの一人であり、長年の盟友でもあった松本俊彦部長（国立精神・神経研究センター）に声をかけて、シンポジウムを組みました。

　岩波明教授は、司法精神医学関係を含め著書多数を持つ論客、松本部長は「相模原事件検証チーム」の一員、原昌平氏は世界一の発行部数を誇る新聞社で精神保健問題にもっとも精通した編集委員です。私としては、相模原事件を論じるにふさわしい豪華メンバーを集めたつもりでおりましたし、社会的な意義も高いと思っていました。しかし、第113回日本精神神経学会学術総会企画委員会委員長と学術総会会長の連名でのメールにて「不採択」を通知されました。

　このメンバーでのシンポジウムを却下されたことには、当然ながら「おとなの事情」があったのだと思います。「おとなの事情」とはすなわち、ある一定の信条を持つ重鎮たちがいて、学会全体の考え方を長年にわたって支配し続けていて、そこへ異なる意見が出されることは、調和を乱しかねないと判断されたのでしょう。

　私としては、不満もありました。でも、まあ、学会で角を立てるようなことをしたくありません。そんなわけで、学会での議論を断念し、書籍の公刊に発言の場を求めたというわけです。

　本書には、学会の長老をして鼻白む思いをさせるものが含まれているとしても、その内容は一般読者の皆様からすればむしろ穏当なもののはずです。措置入院を保安処分として使用し、脱法的な予防拘禁を行っている現状は、法治国家として正しいとはいえません。公共の福祉と人権の保障の両者が実現されるような、法的な仕組みを作るべきではないかと申し上げているにすぎません。

　大阪教育大学池田小学校事件では8人、相模原事件では19人の貴重な生命が失われました。いつの日にか、この方たちの命が浮かばれる日が来ることを、心より願っております。

文 献

0
- 0-1 相模原市の障害者支援施設における 事件の検証及び再発防止策検討チーム：『報告書～再発防止策の提言～』．厚生労働省，2016.
- 0-2 井原裕：保安処分としての措置入院――逮捕状なき逮捕、裁判なき無期拘禁．精神科 31: 232-236, 2017.

1
- 1-1 中谷陽二：『精神鑑定の事件史』．中央公論社，1997.

2
- 2-1 平成12年3月30日障精第22号厚生省大臣官房障害保健福祉部精神保健福祉課長通知：「精神科病院に入院する時の告知等に係る書面及び入退院の届出等について」．厚生労働省，2000.
- 2-2 小田晋：支配観念．『縮刷版精神医学事典』，p.328，弘文堂，東京，2001.
- 2-3 井原裕：『精神科医島崎敏樹――人間の学の誕生』，東信堂，2006.
- 2-4 Jaspers K Allgemeine Psychopathologie. 5 Auf., 1948. ヤスペルス『精神病理学総論』内村祐之、西丸四方、島崎敏樹、岡田敬蔵訳，岩波書店，1955.（上）
- 2-5 中谷陽二：前掲書
- 2-6 フジテレビ：BSフジテレビ　テキストアーカイブ．2016年8月22日（月）　検証・相模原事件　措置入院解除に問題は．フジテレビ．http://www.bsfuji.tv/primenews/text/txt160822.html
- 2-7 松本俊彦：薬物依存症臨床における倫理．精神神経学雑誌115巻，第108回学術総会特別号，SS001-009, 2013.
- 2-8 松本俊彦：公務員と違法薬物使用の通報義務．救急医学 39: 1815-1822, 2015.

3
- 3-1 フジテレビ：前掲．
- 3-2 中島直：精神障害者と触法行為をめぐる日本精神神経学会の議論．日本精神神経学会編集，日本精神神経学会百年史，日本精神神経学会，2003. http://kansatuhou.net/04_ronten/08_01nakajima.html

4
- 4-1 Fulford KWM, Smirnov AYU, Snow E: Concepts of Disease and the Abuse of Psychiatry in the USSR. Brit J Psychiatr 162: 801-810, 1993.
- 4-2 Adler N, Mueller GOW, Ayat M: Psychiatry under tyranny: A report on the political abuse of Romanian psychiatry during the Ceausescu years. Current Psychology 1: 3-17, 1993.
- 4-3 Bonnie, Richard J., Political Abuse of Psychiatry in the Soviet Union and in China: Complexities and Controversies 2002. Available at SSRN: https://ssrn.com/abstract=1760001 or http://dx.doi.org/10.2139/ssrn.1760001

4-4　Van Voren R: Political Abuse of Psychiatry—An Historical Overview. Schizophrenia Bulletin 36: 33-35, 2010.
4-5　ソルジェニーツィン，木村浩訳：『収容所群島 1918-1956 文学的考察』(6巻)，新潮社，1974-1977.
4-6　Lavretsky H: The Russian Concept of Schizophrenia: A Review of the Literature. Schizophrenia Bulletin 24: 537-557, 1998.
4-7　Vein A: "Sergey Sergeevich Korsakov (1854–1900)". J Neurol. 256: 1782–1783, 2009.
4-8　Vladimir L, Eliezer W: "Victor Kandinsky, M.D., 1849–1889". American Journal of Psychiatry. 163: 209–209, 2006.
4-9　Cole M, Levitin K, Luria AR: The Autobiography of Alexander Luria: A Dialogue with the Making of Mind. Psychology Press, London, 2010.
4-10　Kozlin A: Vygotsky's psychology: A Biography of Ideas. Harvard University Press, Cambridge MA, 1999.
4-11　Zajicek B: Scientific Psychiatry in Stalin's Soviet Union: The Politics of Modern Medicine and the Struggle to Define 'Pavlovian' Psychiatry, 1939-1953. A dissertation submitted to the Faculty of the Division of the Social Sciences in candidacy for the degree of Doctor of Philosophy. Department of History, the University of Chicago, Chicago IL, 2009.
4-12　Merskey H, Shafran B (1986): Political Hazards in the Diagnosis of 'Sluggish Schizophrenia'. British Journal of Psychiatry 148: 247-256, 1986.
4-13　井原裕：双極性障害と疾患喧伝 (disease mongering)．精神神経学雑誌 113: 1218-1225, 2011.
4-14　World Health Organization: The International Pilot Study of Schizophrenia. Vol. 1. The World Health Organization, Geneva, 1973.
4-15　Van Voren　前掲書 4-4
4-16　Van Voren R: Abuse of psychiatry for political purposes in the USSR. A case study and personal account of the efforts to bring them to an end. In Helmchen H, Sartorius A (Eds.): Ethics in Psychiatry, 489-507. Springer, Dordrecht, 2010.
4-17　Van Voren　前掲書 4-4
4-18　Adler N, Mueller GOW, Ayat M　前掲書 4-2
4-19　Amnesty International: Death sentences and Executions 2013. Amnesty International Publications, London, 2014.
4-20　Human Rights Watch, Geneva Initiative on Psychiatry: Dangerous Minds. Political Psychiatry in China Today and its Origins in the Mao Era. Human Rights Watch, New York, 2002.
4-21　Munro R: Judicial Psychiatry in China and its Political Abuses. Columbia Journal of Asian Law 14: 1-101, 2000.
4-22　Wall Street Journal: Political psychiatry: How China uses 'Ankang' Hospitals to silence dissent. April 19, 2016. https://blogs.wsj.com/chinarealtime/2016/04/19/political-psychiatry-how-china-uses-ankang-hospitals-to-silence-dissent/

4-23 Dong Y, Huang C-F, Liao J, Chen A, Liu J, Hsu K-H: An observational cohort study on terminal cancer survivors practicing falun gong (FLG) in China. Journal of Clinical Oncology 34: Suppl. DOI: 10.1200/JCO.2016.34.15_suppl.e21568 - published online before print.

4-24 Kilgour D, Matas D: Bloody Harvest: Revised Report into Allegations of Organ Harvesting of Falun Gong Practitioners in China, 2007. http://organharvestinvestigation.net

4-25 安康医院：維基百科．本页面最后修订于 2018 年 2 月 22 日．https://zh.wikipedia.org/wiki/%E5%AE%89%E5%BA%B7%E5%8C%BB%E9%99%A2

4-26 Park YS, Park SM, Jun JY, Kim SJ: Psychiatry in former socialist countries: Implications for North Korean psychiatry. Psychiatry Investig 11:363-370, 2014. ACCESS http://dx.doi.org/10.4306/pi.2014.11.4.363

4-27 Che HH, Phillips MR, Cheng H, Chen QQ, Chen XD, Fralick D, Xhang YE, Liu M, Huang J, Bueber M: Mental Health Law of the People's Republic of China (English translation with annotations): Translated and annotated version of China's new Mental Health Law. Shanghai Arch Psychiatry. 24(6): 305–321, 2012. doi: 10.3969/j.issn.1002-0829.2012.06.001

4-28 Phillips MR, Chen H, Diesfeld K, Xie B, Cheng HG, Mellsop G, Liu X: China's New Mental Health Law: Reframing Involuntary Treatment. American Journal of Psychiatry 170: 588-591, 2013. https://doi.org/10.1176/appi.ajp.2013.12121559

5

5-1 辛坊治郎：保安処分と措置入院．集英社新書WEBコラム．集英社．http://shinsho.shueisha.co.jp/column/toranomaki/010622/index.html

5-2 中島直．精神障害者と触法行為をめぐる日本精神神経学会の議論．日本精神神経学会編集．日本精神神経学会百年史．日本精神神経学会，2003．http://kansatuhou.net/04_ronten/08_01nakajima.html

5-3 富田三樹生：精神衛生法改正と処遇困難者専門病棟問題の回顧——中山宏太郎氏の軌跡をめぐって．同：東大病院精神科の 30 年．pp.216-279，青弓社，東京，2000

5-4 中山宏太郎：処遇困難患者問題と刑事責任能力——「厚生科学研究報告書「精神科医療領域における他害と処遇困難性に関する研究」をめぐって——．精神神経学雑誌 93(6); 434-440, 1991.

5-5 Penrose LS: Mental Disease and Crime: Outline of a Comparative Study of European Statistics. British Journal of Medical Psychology 18: 1-15, 1939. doi:10.1111/j.2044-8341.1939.tb00704.x.

5-6 Hartvig PL, Kjelsberg E: Penrose's Law revisited: The relationship between mental institution beds, prison population and crime rate. Nordic Journal of Psychiatry. 63(1): 51–56, 2009. doi:10.1080/08039480802298697. PMID 18985517.

5-7 山本譲司：累犯障害者．新潮社，東京，2006．

5-8 精神医療編集委員会．精神医療 59 号　特集：医療観察法のない社会に向けて．批評社，2010

5-9 田原総一朗：田原総一朗が回顧する60年安保の真実「私は何も知らずに"岸はヤメロ!"と叫んでいた」．「戦後レジームの正体」第11回 (後編)．現代ビジネスWEB，講談社，2016.
5-10 呉智英：バカにつける薬．双葉文庫，東京，1996.
5-11 山本輝之．精神医療と重大な犯罪行為を行った精神障害者．ジュリスト1230: 6-13, 2002-09-15 特集 心神喪失者の医療観察に関する法整備 有斐閣．2002
5-12 町野朔．法律家の立場から．精神医学50: 1049-1051, 2008.
5-13 井原裕：保安処分反対主義の帰結は措置入院保安処分化——相模原事件考．太田順一郎・中島直編集：相模原事件が私たちに問うもの．Pp. 128-142, 批評社，東京，2018.

6

6-1 井原裕：私見卓見 措置入院後警察に戻す経路を．日本経済新聞 平成28年10月17日付朝刊，p.18, 2016.
6-2 井原裕：論点 相模原事件と精神科医療．読売新聞 平成28年10月28日付朝刊，p.13, 2016.
6-3 フジテレビ：前掲．
6-4 日本経済新聞：「犯罪予告者 GPS監視を」相模原殺傷受け 山東元参院副議長．2016年7月28日付日本経済新聞，2016.
6-5 相模原市の障害者支援施設における事件の検証及び再発防止策検討チーム：前掲書．
6-6 日本精神神経学会 法委員会：相模原市の障害者支援施設における事件とその後の動向に対する見解．2016年7月28日．公益社団法人 日本精神神経学会，2016.
6-7 武田雅俊：精神保健福祉法改正に関する学会見解．日本精神神経学会 平成29年3月18日，2017.
6-8 山崎學：精神相模原障害者施設殺傷事件に思う．日本精神科病院協会 2016年9月，2016.

7

7-1 呉秀三：精神病者私宅監置ノ実況．松沢病院研究会編：精神衛生法をめぐる諸問題．p.92, 1964.（原著は1918年）
7-2 中谷陽二：触法精神障害者——問題の広がりと深層．町野朔編集：精神医療と心神喪失者等医療観察法．ジュリスト2004年3月号増刊，pp.52-57, 有斐閣，東京，2004.
7-3 田原総一朗：前掲．
7-4 井原裕：生活習慣病としてのうつ病．弘文堂，東京，2013.
7-5 森村誠一：悪魔の飽食．光文社，東京，1982.
7-6 井原裕：うつの8割に薬は無意味．朝日新聞出版，東京，2015.
7-7 ソルジェニーツィン／木村浩訳：収容所群島 1918-1956 文学的考察，全6巻．新潮社，東京，1974-1977.
7-8 相模原市の障害者支援施設における事件の検証及び再発防止策検討チーム：前掲書．
7-9 ダニエル・ベル／岡田直之訳．イデオロギーの終焉——1950年代における政治思想の涸渇について．東京創元新社，東京，1969.

著者略歴

●井原 裕（いはら・ひろし）

1962年鎌倉生まれ。獨協医科大学埼玉医療センターこころの診療科教授。東北大学(医)卒後、自治医科大学大学院(医学博士)、ケンブリッジ大学大学院(PhD)修了。順天堂大学准教授を経て、2008年から現職。日本の大学病院で唯一の「薬に頼らない精神科」を主宰。専門は、精神鑑定、うつ病、発達障害、プラダー・ウィリー症候群等。著書に『生活習慣病としてのうつ病』(弘文堂)、『うつの8割に薬は無意味』(朝日新書)、『うつの常識、じつは非常識』(ディスカバー21)、『うつ病から相模原事件まで──精神医学ダイアローグ』(批評社)、『薬に頼らないこころの健康法』(産学社)、『「子どもの発達障害」に薬はいらない』(青春出版社)など。

メンタルヘルス・ライブラリー ㊴

相模原事件はなぜ起きたのか
── 保安処分としての措置入院

2018年7月10日　初版第1刷発行

著　者●井原　裕
発行所●批　評　社
　　　　東京都文京区本郷1-28-36 鳳明ビル 〒113-0033
　　　　Phone. 03-3813-6344　Fax. 03-3813-8990
　　　　振替 00180-2-84363
　　　　e-mail　book@hihyosya.co.jp
　　　　http://hihyosya.co.jp

制　作●宇打屋
印　刷
製本所●モリモト印刷㈱

ISBN978-4-8265-0683-0 C3047
© Ihara Hiroshi
2018 Printed in Japan

乱丁本・落丁本は小社宛お送り下さい。送料小社負担にて、至急お取り替えいたします。

JPCA 日本出版著作権協会
http://www.jpca.jp.net

本書は日本出版著作権協会(JPCA)が委託管理する著作物です。本書の無断複写などは著作権法上での例外を除き禁じられています。複写(コピー)・複製、その他著作物の利用については事前に日本出版著作権協会(電話03-3812-9424 e-mail：info@jpca.jp.net)の許諾を得てください。